LES
CONCESSIONS PRIVILÉGIÉES
EN AFRIQUE

SIMPLES DOCUMENTS

RELATIFS

A UN INCIDENT DE COLONISATION

AU

CONGO FRANÇAIS

PARIS

IMPRIMERIE ET LIBRAIRIE CENTRALES DES CHEMINS DE FER

IMPRIMERIE CHAIX

SOCIÉTÉ ANONYME AU CAPITAL DE CINQ MILLIONS

Rue Bergère, 20

1895

LES
CONCESSIONS PRIVILÉGIÉES
EN AFRIQUE

SIMPLES DOCUMENTS

RELATIFS

A UN INCIDENT DE COLONISATION

AU

CONGO FRANÇAIS

PARIS

IMPRIMERIE ET LIBRAIRIE CENTRALES DES CHEMINS DE FER

IMPRIMERIE CHAIX

SOCIÉTÉ ANONYME AU CAPITAL DE CINQ MILLIONS

Rue Bergère, 20

1895

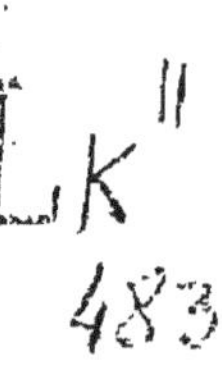

TABLE DES MATIÈRES

	Pages
1° Avertissement	3
2° Texte de la Convention du 30 octobre 1893, intervenue entre M. le Sous-Secrétaire des Colonies et M. Daumas.	6
3° Statuts de la Société du Haut-Ogooué	15
4° Mémoire remis à M. le Ministre des Colonies.	51
5° Pièces justificatives	65

AVERTISSEMENT

La question des concessions coloniales a été soulevée à la Chambre des députés, au moment de la discussion du budget; elle sera vraisemblablement reprise au Sénat dans un temps assez prochain, puisque la Chambre Haute est saisie d'un projet de loi sur la matière.

En réunissant ces quelques documents épars, assez difficiles à se procurer, on a voulu faire toucher du doigt les divers inconvénients, qui ont résulté de la voie dans laquelle on est entré en 1893, et les infractions graves commises tant au point de vue du droit constitutionnel que du droit des gens.

Ce court travail ne porte que sur une seule de ces concessions qui, par la délégation de souveraineté et le monopole commercial qu'elle confère, par l'abandon d'un bassin entier d'un fleuve qu'elle implique, par les intérêts français qu'elle lèse, par la Société à laquelle elle a donné naissance grâce à une interprétation erronée du titre obtenu, est particulièrement critiquable.

Les uns la déclarent caduque, tandis que les autres, les bénéficiaires, se prétendant régulièrement nantis, entendent entrer en possession. Il y a là une incertitude préjudiciable à tous les intérêts en cause, et on comprendra qu'il importe de faire cesser cet état de choses.

DÉCRET

PORTANT APPROBATION DE LA CONVENTION

CONCÉDANT A M. DAUMAS
LE DROIT D'EXPLOITER LES TERRITOIRES SITUÉS DANS LE BASSIN
SUPÉRIEUR DE L'OGÖOUÉ

17 novembre 1893.

ADMINISTRATION DES COLONIES. — 1ʳᵉ DIVISION. — 1ᵉʳ BUREAU.
AFFAIRES POLITIQUES
ET ADMINISTRATION GÉNÉRALE DE TOUTES LES COLONIES
AUTRES QUE L'INDO-CHINE.

LE PRÉSIDENT DE LA RÉPUBLIQUE FRANÇAISE,

Sur le rapport du Ministre du Commerce, de l'Industrie
et des Colonies, vu l'article 18 du Sénatus-Consulte du
3 mai 1854,

DÉCRÈTE :

ARTICLE PREMIER.

Est approuvée la convention annexée au présent décret,
concédant à M. Daumas, aux charges et conditions qui y
sont indiquées, *le droit d'exploiter les territoires situés dans
le bassin supérieur de l'Ogooué.*

Art. 2.

Le Ministre du Commerce, de l'Industrie et des Colonies est chargé de l'exécution du présent décret.

Fait à Paris le 17 novembre 1893.

Signé : CARNOT.

Par le Président de la République,

*Le Ministre du Commerce, de l'Industrie
et des Colonies,*
Signé : TERRIER.

CONVENTION ANNEXE

AU DÉCRET DU 17 NOVEMBRE 1893

Entre le Sous-Secrétaire d'État des Colonies, agissant au nom de la Colonie du Congo Français, d'une part,

Et M. Marius-Denis-Célestin Daumas, d'autre part;

Il a été convenu ce qui suit :

Article premier.

La Colonie du Congo français concède à *M. Marius Denis-Célestin Daumas* en échange des engagements et obligations spécifiés aux articles 1 à 16 :

1° *La libre disposition, en jouissance pleine et entière durant une période de trente années consécutives, de tous les territoires du domaine colonial compris dans le bassin supérieur de l'Ogooué,* en amont du rapide Kondo-Kondo, dans un périmètre limité à l'ouest par le méridien 8° 40′; au nord par une ligne droite allant de l'intersection de ce méridien avec le parallèle 0° 50′ nord, à l'intersection du méridien 11° 30′ ; au sud par une ligne droite allant de l'intersection de ce méridien avec le parallèle 2° 30′ sud à l'intersection du méridien 8° 40′ avec le parallèle 1° 18′ sud ; tel du reste que ce périmètre est tracé au rouge sur la carte jointe au décret portant approbation de la présente convention ; (1)

2° *La disposition exclusive et gratuite de toutes les installations officielles actuellement établies dans le bassin du Haut-Ogooué, non compris N'Djolé.*

ART. 2.

La Concession dont il vient d'être parlé est faite en vue de l'exploitation commerciale, industrielle et agricole ; à ce titre, et pour rémunérer les services *économiques* que doit rendre à la Colonie la Société dont il est fait ci-après mention, *et que M. Marius-Denis-Célestin Daumas doit constituer*, la Colonie s'engage :

1° A concéder en pleine propriété à ladite Société : Les terrains qui seront mis par elle en exploitation effective (cultures, pâturages, coupes de bois, etc.). Les terrains à concéder seront choisis par la Société dans le périmètre de la concession indiquée sur la carte, sous les réserves que le long des cours d'eau, ils ne pourront avoir un développement ininterrompu dépassant dix kilomètres pour chaque parcelle, les parcelles pouvant, au gré de l'Administration, demeurer distantes de deux kilomètres entre elles.

2° A réserver à la Société à l'exclusion de tout autre concessionnaire, pendant le même délai de trente années, la recherche et l'exploitation des mines dans le périmètre ci-dessus déterminé et à lui accorder la concession de celles qu'elle aura mises en exploitation effective.

---

(1) Cette concession porte sur une superficie de 11 millions d'hectares.

Les conditions à remplir, pour qu'il y ait exploitation effective, ainsi que la forme du titre à délivrer, feront l'objet d'un arrêté spécial du commissaire général du Congo.

ART. 3.

La colonie concède à la future Société le droit d'assurer, par ses propres moyens la sécurité et la protection de ses établissements sous la réserve que les mesures que prendra à cet effet la Société soient agréées au préalable par l'Administration et soumises à son contrôle.

Un arrêté du commissaire général déterminera les formes dans lesquelles s'exercera ce contrôle.

ART. 4.

Pendant toute la durée de son exploitation, la Société n'aura à subir aucun droit spécial de douane et d'impôt autre que ceux perçus dans la colonie.

Les prohibitions concernant les armes, les munitions et l'alcool, telles que ces prohibitions résultent de la conférence de Bruxelles lui seront applicables.

La Société sera autorisée à introduire les armes et les munitions reconnues nécessaires pour assurer la défense et la sécurité de ses propres établissements, mais dans aucun cas la Société ne pourra en faire trafic.

ART. 5.

Les terrains occupés ou cultivés par les indigènes devront être laissés hors de toute concession ; il en sera de même pour les terres situées dans un rayon de quatre kilomètres des villages, sauf à la Société à s'entendre directement avec les indigènes, et à les indemniser d'une manière suffisante pour le cas où elle voudrait obtenir le déplacement des villages ou celui des cultures. En cas de désaccord sur le chiffre de l'indemnité à accorder, la Société serait libre soit de renoncer à ses demandes auprès des indigènes, soit d'accepter le chiffre déterminé par le Commissaire général d'un commun accord choisi comme arbitre.

En aucun cas la colonie ne pourra être appelée en garantie du fait de contestations entre indigènes et la Société. La colonie se réserve le droit d'entreprendre et d'exécuter à ses frais sur les terrains concédés tous travaux, ayant un caractère général ou public, que la Société ne voudrait pas prendre à sa charge, sans que la Société puisse de ce chef prétendre à aucune indemnité.

Elle se réserve encore le droit d'occuper tel ou tel point qu'il conviendrait pour l'installation de son contrôle ou toute autre installation officielle non prévue. Dans ce cas il n'y aurait lieu à indemnité que si la Société avait à supporter de ce chef un dommage matériel quelconque par suite d'éviction. Enfin la colonie se réserve, moyennant juste payement, de faire appel aux moyens de la Société en vue d'assurer des transports de personnel ou de matériel colonial, acheminés sur d'autres régions ou destinés au service du contrôle dans la région concédée.

Art. 6.

En échange des avantages plus haut stipulés, *M. Marius-Denis-Célestin Daumas prend, vis-à-vis de la colonie, l'engagement de constituer, dans un délai qui ne pourra excéder le 31 décembre 1894, une Société anonyme au capital de deux millions de francs minimum, à laquelle il transmettra tous les droits et obligations du présent contrat.*

Ce capital ne devra pas être réalisé au moyen d'une émission publique.

Dans l'intervalle du délai accordé pour la constitution de la Société anonyme, M. Daumas pourra, sous réserve de l'assentiment préalable de l'Administration, et au moyen de telles ressources qu'il lui conviendra, user provisoirement de tous les effets de la présente convention.

Toutefois, dans le cas où la Société ne serait pas définitivement constituée dans le délai indiqué, M. Daumas ne pourrait invoquer à son profit le bénéfice des dispositions de l'article 2.

Art. 7.

Tous les membres du Conseil d'administration devront être Français et choisis, autant que possible, dans le monde commercial et industriel au courant des choses d'Afrique.

Art. 8.

Dans le délai maximum de dix mois, à compter de sa constitution, la Société devra procéder à sa première installation en prenant livraison des établissements officiels et du matériel dont ils sont dotés.

Cette livraison se fera avec estimation et dans les formes qui seront déterminées par le commissaire général du Congo.

Art. 9.

Le nombre des établissements de la Société n'est pas limité ; ils seront au nombre de cinq, échelonnés et répartis entre Franceville et le rapide de Kondo Kondo, au gré des intérêts de la Société, **mais ils devront être composés et administrés de façon à maintenir au point de vue politique les résultats de l'occupation officielle actuelle.**

Art. 10.

Dans le cas où pour une cause quelconque la société viendrait à cesser son exploitation et à procéder à une évacuation, l'Administration devrait en être informée au moins six mois à l'avance ; les établissements de la Société seraient alors livrés à la colonie dans les conditions mêmes où les postes et les établissements officiels auront été passés à la Société.

Si la valeur des établissements rétrocédés excédait, à l'estimation qui en sera faite, celle des installations officielles primitivement cédées, la rétrocession ne donnerait lieu à aucune indemnité ou soulte, *la plus-value ne pouvant en aucun cas compenser les inconvénients et les charges d'une réinstallation officielle.*

Art. 11.

En garantie éventuelle des dommages qui pourraient résulter pour la Colonie, soit d'un manquement aux engagements souscrits, soit de la dissolution anticipée de la Société et de sa disparition, *une somme de 40.000 francs* devra être versée, à titre de cautionnement, à la Caisse des Dépôts et Consignations, dans les quinze jours qui suivront la constitution de la Société.

Toutefois, lorsque les établissements de la Société paraîtront en suffisant état de prospérité, la Colonie pourra autoriser le retrait de ce cautionnement.

Art. 12.

La notification à la Colonie de la constitution de la Société, et de la justification par elle de la constitution du capital social prévu à l'article 6 ci-dessus, entraînera de plein droit pour elle l'entrée en jouissance des bénéfices et avantages stipulés au présent contrat.

Art. 13.

Dans le cas où M. Marius-Denis-Célestin Daumas ne constituerait pas dans le délai mentionné à l'article 6 la Société prévue, il serait purement et simplement déchu de tous ses droits dans la présente convention qui deviendrait caduque à moins d'arrangement spécial autorisant une prolongation de délai.

Art. 14.

Lorsque sa Société sera constituée, sa déchéance ne pourait être prononcée que par le Ministre des Colonies.

La déchéance sera obligatoire si la Société se montre impuissante à assurer la sécurité de ses établissements et de ses moyens de communication; elle sera également obligatoire s'il est fait usage par la Société de procédés contraires aux principes des lois françaises ou des lois internationales.

Toutefois, la déchéance, si elle était prononcée, n'aurait d'effet que pour l'avenir; elle laisserait, dans tous les cas, la Société titulaire des droits de propriété qu'elle aurait antérieurement acquis, et dont elle conserverait la libre disposition.

Art. 15.

Toutes contestations relatives à la présente convention seront tranchées par voie administrative.

Art. 16.

La présente convention n'aura un caractère définitif qu'à compter de son approbation par décret.

Paris, le 30 octobre 1893.

Signé : DELCASSÉ.   *Signé :* M. DAUMAS.

SOCIÉTÉ
COMMERCIALE, INDUSTRIELLE & AGRICOLE
DU HAUT-OGOOUÉ
(CONGO FRANÇAIS)

SOCIÉTÉ ANONYME
Au Capital de 2 millions de francs

STATUTS

Déposés au rang des Minutes de Me LAVERNE, notaire à Paris.

SOCIÉTÉ

COMMERCIALE, INDUSTRIELLE & AGRICOLE

DU HAUT-OGOOUÉ

(CONGO FRANÇAIS)

STATUTS

TITRE PREMIER

Formation de la Société. — Dénomination. Objet. — Durée. — Siège social.

ARTICLE PREMIER.

Il est par ces présentes formé une Société anonyme qui existera entre tous les propriétaires des actions qui seront créées ci-après et qui sera régie tant par les présents statuts que par la loi du 24 juillet 1867, modifiée par la loi du 1er août 1893.

ART. 2.

La Société prendra la dénomination de : **Société commerciale, Industrielle et Agricole du Haut-Ogooué** (Congo français).

ART. 3.

Là Société a pour objet l'exploitation et le développement des établissements commerciaux dont la Société Daumas et Cie est propriétaire sur la côte d'Afrique (Congo français), et

*l'exploitation commerciale, industrielle et agricole de la con-
cession du bassin du Haut-Ogooué accordée par l'État.*

La Société pourra également s'intéresser dans toutes
affaires, compagnies ou sociétés créées ou à créer dont les
opérations auraient l'Afrique pour objet au point de vue
agricole, commercial, industriel, minier et maritime.

Art. 4.

La durée de la Société est fixée à trente années à compter
du jour de sa constitution définitive. Cette durée pourra
être restreinte ou prolongée par décision de l'Assemblée
générale des actionnaires ainsi qu'on le dira ci-après.

Art. 5.

Le siège de la Société est fixé à Paris, provisoirement,
5, rue de Maubeuge.

Il pourra être transféré partout ailleurs par décision du
Conseil d'administration.

Il pourra être établi des succursales ou des agences partout où le Conseil d'administration le jugera nécessaire.

TITRE II

Apports.

Art. 6.

M. *Médard-Bernardin-Constant Béraud,* négociant, membre du Conseil supérieur des Colonies, demeurant à Paris,
rue de la Victoire, numéro 60 ;

Agissant :

*En qualité de liquidateur de la Société Daumas et Cie,
Société en nom collectif et en commandite, ayant pour objet
le commerce de la côte occidentale d'Afrique et éventuelle-*

ment toutes autres affaires commerciales, à la convenance de la Société, avec siège social à Paris, rue de Maubeuge, numéro cinq ;

Ladite Société,

Formée suivant acte sous seing privé, en date à Paris, du 25 février 1885, enregistré à Paris le 17 mars 1885, folio vingt-sept, case neuf, aux droits de deux mille cinq cents francs ;

Modifiée aux termes de deux actes sous seing privé, le premier du 30 décembre 1888, enregistré à Paris le 22 janvier 1889, folio cinquante-trois, aux droits de trois francs soixante-quinze centimes, et le second, du 31 mai 1894, enregistré à Paris, le 1er juin 1894, folio quatre-vingt-deux, aux droits de trois francs soixante-quinze, décimes compris ;

Lesdits actes publiés conformément à la loi ;

Et enfin mise en liquidation, suivant décision des associés, en date du

En outre, M. Béraud, spécialement autorisé à l'effet des présentes par

Apporte à la présente Société

*Les biens et valeurs suivantes appartenant à la Société Daumas et C*ie*, savoir :*

§ 1er.

La maison de commerce qu'elle fait valoir à Paris, rue de Maubeuge, numéro cinq, ensemble le matériel, le mobilier, les installations et agencements qui s'y trouvent, ainsi que le droit, pour le temps qui en reste à courir, au bail des lieux occupés par les bureaux de la Société, consenti par Mme veuve ROGELIN, pour une durée de trois, six ou neuf années, à partir du 1er avril 1888, moyennant un loyer annuel de mille sept cent francs. « Suivant acte sous seing privé en date du 7 février 1888, enregistré pour la troisième période, à Paris, le 7 mai 1894, folio onze, case quatorze. »

§ 2me.

Les comptoirs et établissements commerciaux qu'elle possède en Afrique, ensemble le matériel servant à leur exploitation et la clientèle et l'achalandage attachés à chacun d'eux et généralement tous établissements de troc et de commerce, constructions, plantations et terrains qu'elle possède à la côte d'Afrique, consistant en :

I. — A Libreville, dépendances et environs.

1° La maison principale située sur un grand terrain, sis à Libreville, sur la route de Louis.

Ce terrain tient par devant sur la mer à la route de Louis, sur une façade de cent soixante mètres, d'un côté à l'immeuble des Chargeurs réunis, dont il est séparé par une petite rue menant à la montagne sur une longueur de cent quarante mètres, d'autre côté à l'immeuble de J.-J. Boggio et Cie sur une longueur de cent vingt-cinq mètres, et, au fond, à la montagne, sur une longueur de cent trente mètres.

Sur ce terrain planté de caoutchoutiers, orangers, mandariniers et cocotiers, avec jardin propre à la petite culture, arrosé par un cours d'eau, se trouvent une maison d'habitation principale, diverses maisons et maisonnettes servant à loger les employés et le personnel noir, et divers magasins et hangars pour le matériel et les marchandises.

2° Un terrain situé à Libreville dans le quartier Louis, entre les Chargeurs réunis et X. Péné, d'une superficie de quatre mille cinq cent soixante-trois mètres carrés.

3° Tout près de Libreville, une plantation de caféiers, cacaotiers, caoutchoutiers et arbres fruitiers, avec maison d'habitation et dépendances, connue sous le nom de

« Plantation de Sainte-Marthe », d'une contenance superficielle de trente-huit hectares environ.

4° A Kérellé, une succursale de Libreville composée de maison d'habitation et dépendances élevées sur un terrain de forme rectangulaire d'une contenance superficielle de dix-huit cents mètres environ.

5° A Glass, un terrain d'une contenance superficielle de dix mille cent soixante-sept mètres acheté à la mission catholique.

6° A Remboé, un terrain dépendant de Libreville, dans l'estuaire du Gabon.

7° Au Komo, un terrain dépendant de Libreville, dans l'estuaire du Gabon.

II. — *A l'Ile Mondah.*

Une factorerie située à l'Ile Mondah, au nord de Libreville, comprenant :

Maison principale et constructions diverses servant de magasins, hangars, poudrière, logement pour le personnel indigène.

Deux petites maisons de traitants au village de Bombay.

III. — *A Batta et environs.*

1° A Batta, une factorerie comprenant :

Un terrain de quatre-vingt dix mètres de long sur quarante-cinq mètres de large, borné à l'ouest par la plage, au nord et à l'est par la brousse, au sud par le terrain de la Compagnie normande.

Sur ce terrain, enclos d'une palissade en matériaux du pays, sont élevés une maison principale sur pilotis et divers magasins, constructions et hangars.

2° Un terrain situé à environ deux cents mètres de la factorerie, complètement débroussé et mesurant sur la plage deux cent cinquante mètres et cent de profondeur.

3° Une succursale à Hounay, située sur la plage, à environ quinze milles au nord de Batta, composée d'un terrain de cinquante mètres sur soixante mètres, clos en matériaux du pays sur lequel sont élevés un magasin et une construction servant de logement pour le personnel.

4° Une succursale à Hiouna, située sur la plage, au nord de Hounay, consistant en petite construction servant de magasin de détail.

IV. — *Au Cap Lopez.*

Une factorerie située sur un terrain donné en concession pour vingt années.

Cette factorerie comprend maison d'habitation, magasins, cases pour le personnel, atelier et hangars.

V. — *Dans l'Ogowé.*

1° A Lambaréné.

Une factorerie composée de maison servant d'habitation et de maison de détail, cuisines, cases et grands magasins.

2° Dans le N'Goumié.

Un terrain dépendant de Lambaréné.

3° A San-Kita.

Un immeuble et dépendance.

4° Au lac Essenga.

Une factorerie composée de magasins en bambous, dépôt d'ébène et construction servant d'habitation.

5° A Zambélica.

Un terrain.

6° A N'Jolé.

Une factorerie composé de maison d'habitation sur pilotis, deux grands magasins, un magasin pour le sel et une habitation pour le personnel.

IV. — *Sur la rivière Muny.*

Les droits de la Société Daumas et Cie sur divers terrains situés à Muny, comportant une factorerie évacuée sur le bord de la mer et des succursales dans la rivière.

Et généralement tous établissements de troc et de commerce, constructions, plantations et terrains, et droits de toute nature que la Société Daumas et Cie possède à la côte d'Afrique.

§ 3mo.

Sa flottille à la côte d'Afrique comprenant :

Le vapeur *Jeanne-et-Louise.*

Le vapeur *De Brazza.*

La chaloupe à vapeur *La Seine.*

Et les cotres et toutes les embarcations de diverses natures, servant aux opérations d'embarquement, débarquement et de rivières.

§ 4me.

La concession du bassin du Haut-Ogooué, qui lui a été accordée par l'État, suivant la convention du 30 octobre 1893, approuvée par décret du Président de la République, du 17 novembre 1893, telle qu'elle résulte de la dite convention avec tous les droits et obligations en résultant.

Ainsi que le tout se poursuit et comporte, sans aucune exception, ni réserve.

Ne sont pas compris dans le présent accord :

1° Toutes les marchandises qui pourront se trouver, au jour de la remise des comptoirs, soit dans les magasins et comptoirs, soit dans les bateaux composant la flotte et la flottille, y compris ceux affrétés et en cours de voyage;

2° et toutes les créances existantes au jour de la constitution définitive de la Société (1).

---

(1) Les apports énoncés aux paragraphes 1, 2, 3, 6 n'ont rien à faire avec l'exploitation du Haut Ogooué.

Droits de propriété.

M. Béraud, ès-qualité, s'oblige à justifier à la Société en formation des droits de propriété de la Société Daumas et Cie sur les biens apportés et à lui remettre tous les titres et pièces qui sont en sa possession, à l'appui de l'établissement de propriété.

A cet égard, M. Béraud fait observer en ce qui concerne la concession du Haut-Ogooué :

Qu'elle a été accordée par une convention intervenue le 30 octobre 1893 entre le Sous-Secrétaire d'État des Colonies et M. Marius-Denis-Célestin Daumas, aujourd'hui décédé, seul gérant à cette époque de la Société Daumas et Cie.

Et qu'il résulte de la correspondance et des livres de la Société que c'est en sa qualité de gérant de la Société Daumas et Cie que M. Daumas a agi et que c'est à ce titre que la concession du Haut-Ogooué lui a été accordée et qu'elle appartient à la Société Daumas et Cie.

Conditions des apports.

La Société sera propriétaire et entrera en jouissance des biens apportés à compter du jour de sa constitution définitive.

Elle prendra lesdits biens dans l'état où ils se trouveront le jour de l'entrée en jouissance sans recours ni répétition contre la Société Daumas et Cie pour raison de mauvais état ou toute autre cause, comme aussi pour erreur dans la désignation ou la contenance des biens-immeubles, dont l'excédent en plus ou en moins, excédât-il un vingtième, fera le profit ou la perte de la Société en formation.

Elle supportera les servitudes passives, apparentes ou occultes, continues ou discontinues, dont les immeubles peuvent être grevés, sauf à profiter de celles actives, s'il en existe, le tout à ses risques et périls, sans recours contre la Société apporteuse.

Elle supportera, à compter du jour de la constitution définitive, tous les impôts et autres charges de toute nature afférents aux biens apportés.

Ces apports sont faits sous les garanties ordinaires de fait et de droit en pareille matière, francs et quittes de toutes dettes, charges et hypothèques antérieures au jour fixé pour l'entrée en jouissance.

Formalités.

Les formalités nécessaires pour consolider sur la tête de la présente Société les apports mobiliers et immobiliers ci-dessus établis, seront accomplies par le Conseil d'administration, au mieux des intérêts de la Société.

Prix.

En représentation et pour prix de ces apports, il est attribué à la Société Daumas et Cie *en liquidation :*

1° 2.000 actions de 500 francs chacune entièrement libérées, à prendre dans les 4.000 actions qui vont être créées;

2° Et une part de 20 0/0 dans les bénéfices qui sera représentée par les 2.000 parts bénéficiaires ci-après créées.

Les actions attribuées en représentation des apports ne seront détachées de la souche et ne seront négociables que deux ans après la constitution définitive de la Société ; pendant ce temps, elles devront, à la diligence des administrateurs, être frappées d'un timbre indiquant leur nature et la date de cette constitution.

TITRE III.

Fonds social. — Actions, — Versements.

ART. 7.

Le capital social est fixé à deux millions de francs représenté par 4,000 actions de 500 francs chacune.

Par suite de l'attribution ci-dessus faite à la Société DAU-MAS ET Cⁱᵉ, *en liquidation, de 2.000 actions en représentation de ses apports, il reste à souscrire 2.000 actions entièrement payables en espèces.*

ART. 8.

Le montant des actions à souscrire en espèces sera payable savoir :

Un quart lors de la souscription ;

Le deuxième quart dans un délai de trois mois, après la constitution de la Société (1) ;

Les troisième et quatrième quarts, suivant décision prise par le Conseil d'administration et dans le délai de trois mois après cette décision rendue publique par un avis inséré dans deux journaux judiciaires de Paris, désignés pour les publications légales en matière de Société.

ART. 9.

Le capital pourra être augmenté par décision du Conseil d'administration en une ou plusieurs fois, jusqu'à ce qu'il atteigne cinq millions de francs. Dans ce cas, le Conseil fixera les conditions de ces émissions.

---

(1). Ce qui porte le capital liquide de la Société à 500.000 francs au moment de sa constitution pour une exploitation portant sur 11 millions d'hectares.

Toutes autres augmentations de capital au delà du chiffre de cinq millions devront être décidées par l'Assemblée générale des actionnaires, prise conformément à la loi et aux Statuts.

L'augmentation pourra avoir lieu, soit au moyen de l'émission de nouvelles actions souscrites en espèces, soit au moyen d'actions délivrées en échange d'apports ou par suite de fusion avec d'autres Sociétés.

Le capital social pourra également être diminué par décision de l'Assemblée générale prise comme il vient d'être dit par voie d'amortissement, de rachat d'actions ou autrement.

En cas d'augmentation du capital par l'émission d'actions payables en numéraire, les propriétaires des actions antérieurement émises auront un droit de préférence à la souscription ; toutefois, l'Assemblée générale pourra, sur la proposition du Conseil d'administration, décider qu'une moitié des actions nouvelles à émettre, ou toute autre quotité, sera placée par les soins du Conseil au mieux des intérêts de la Société, cette moitié ou cette quotité étant prise sur l'ensemble avant le partage entre les actionnaires.

Les actionnaires exerceront leur droit de préférence dans la proportion des titres possédés par eux.

Un règlement arrêté par le Conseil d'administration fixera les conditions, les délais et les formes dans lesquels le bénéfice des dispositions qui précèdent peut être réclamé.

Art. 10.

En cas d'augmentation du capital par l'émission d'actions payables en numéraire, le Conseil d'administration ou l'Assemblée générale, sur la proposition du Conseil, fixera l'importance du premier versement à effectuer par les souscripteurs. Les appels de versements ultérieurs auront lieu au moyen d'un avis inséré dans un journal d'annonces légales, au moins quinze jours à l'avance.

ART. 11.

Toutes sommes dont le payement est en retard portent intérêt de plein droit en faveur de la Société, à raison de 6 0/0 l'an, à compter du jour de l'exigibilité, sans demande en justice.

ART. 12.

A défaut de versement des sommes appelées à l'échéance, la Société peut faire vendre les titres dont les payements sont en retard, et, à cet effet, les numéros des titres en retard sont publiés dans un des journaux d'annonces légales de Paris, et quinze jours après cette publication, la Société, sans mise en demeure et sans autre formalité ultérieure, a le droit de faire procéder à la vente des action comme titres libérés des versements appelés pour le compte et aux risques et périls du retardataire.

Cette vente sera faite à la Bourse de Paris, si les titres sont cotés et, dans le cas contraire, aux enchères publiques devant notaire ; elle peut être faite en masse ou en détail, soit un même jour, soit à des époques successives.

Les titres des actions ainsi vendues deviennent nuls de plein droit, et il en est délivré aux acquéreurs de nouveaux sous les mêmes numéros. Tout titre qui ne porte pas mention régulière des versements exigibles cesse d'être négociable et il ne lui est payé aucun dividende. Les mesures autorisées par le présent article ne font obstacle à l'exercice simultané, par la Société, des moyens ordinaires de droit.

ART. 13.

Le prix provenant de la vente, déduction faite des frais, appartient à la Société et s'impute, dans les termes de droit, sur ce qui lui est dû par l'actionnaire exproprié, qui reste passible de la différence s'il y a déficit, mais qui profite de l'excédent, s'il en existe.

Art. 14.

Les actions sont nominatives jusqu'à leur entière libération. Les actions entièrement libérées peuvent être nominatives ou au porteur, à la volonté des actionnaires.

Les titres des actions et des parts bénéficiaires dont il sera ci-après parlé sont extraits d'un registre à souche et portent un numéro d'ordre. Ils sont revêtus des signatures de deux administrateurs ou de celles d'un administrateur et d'un délégué du Conseil d'administration. Ils sont frappés du timbre de la Société.

Art. 15.

La propriété des actions nominatives est établie par une inscription sur les registres de la Société.

La transmission de ces titres s'opère par une déclaration de transfert et une acceptation de transfert signées par le cédant et le cessionnaire ou leurs mandataires.

Ces transferts sont remis à la Société, et mention en est faite sur un registre spécial.

La Société peut exiger que la signature et la capacité des parties soient certifiées par un agent de change ou un officier public.

Les titres au porteur se transmettent par la simple tradition.

Art. 16.

Tout actionnaire peut déposer ses titres dans la caisse de la Société et réclamer en échange un récépissé nominatif. Le Conseil d'administration déterminera les conditions, le mode de délivrance, les frais de récépissé et ceux d'échange de titres.

Art. 17.

Les dividendes des actions nominatives sont valablement payés au porteur du titre et ceux des titres au porteur sur la présentation du coupon. Tout dividende qui
n'est pas réclamé dans les cinq années de son exigibilité
est prescrit au profit de la Société.

Art. 18.

Les actionnaires ne sont engagés que jusqu'à concurrence
du capital de chaque action.

Au delà, tont appel de fonds est interdit.

Art. 19.

Toute action est indivisible; la Société ne reconnaît
qu'un propriétaire pour une action. Néanmoins, si des
actions sont grevées d'usufruit, elles peuvent être imma-
triculées au nom de l'usufruitier pour l'usufruit et au nom
du nu-propriétaire pour la nue-propriété.

Tous les propriétaires indivis d'une action sont tenus de
se faire représenter auprès de la Société par une seule
personne.

Art. 20.

Les droits et obligations attachés à l'action suivent le
titre dans quelques mains qu'il passe.

La possession d'une action emporte de plein droit adhésion aux statuts de la Société et aux décisions de l'Assemblée générale.

Art. 21.

Les héritiers ou créanciers d'un actionnaire ne peuvent,
sous quelque prétexte que ce soit, provoquer l'apposition
des scellés sur les biens et valeurs de la Société, en demander le partage ou la licitation, ni s'immiscer en aucune

manière dans son administration. Ils doivent, pour l'exercice de leurs droits, s'en rapporter aux inventaires sociaux et aux délibérations de l'Assemblée générale.

TITRE IV

Administration et Direction de la Société.

Art. 22.

La Société est administrée par un Conseil composé de cinq membres au moins et de quinze membres au plus nommés par l'Assemblée générale.

Par exception, sont nommés administrateurs pour trois ans, pour composer le premier Conseil :

M. Édouard MULLER, ancien député, de la maison HENROTTE FILS ET Cⁱᵉ, banquiers, demeurant à Paris, rue Chauchat, 20 ;

M. Eugène HONORÉ, officier de la Légion d'honneur, ancien commissaire général de la marine, demeurant à Dunkerque ;

M. Amédé PRINCE, chevalier de la Légion d'honneur, négociant-commissionnaire, vice-président de la Chambre des négociants-commissionnaires, demeurant à Paris, rue de Provence, 32 ;

M. Julien HALPHEN, courtier en marchandises, assermenté, demeurant à Paris, rue Saint-Marc, 17 ;

Et M. Médard BÉRAUD, négociant, membre du Conseil supérieur des colonies, demeurant à Paris, rue de la Victoire, 60.

Cette nomination ne sera point soumise à l'approbation de l'Assemblée générale.

Art. 23.

Le premier Conseil sera soumis entièrement à la réélection à l'expiration de la troisième année.

Le Conseil se renouvellera ensuite par tiers tous les deux ans, de sorte que le renouvellement soit complet tous les six ans ; les premiers membres sortants seront désignés par le sort et ensuite par le rang d'ancienneté.

Les membres sortants sont toujours rééligibles.

Art. 24.

En cas de décès, démission ou empêchement d'un ou plusieurs administrateurs, il pourra être pourvu provisoirement aux vacances par les membres restants, sauf confirmation par l'Assemblée générale lors de la plus prochaine réunion, sur la proposition du Conseil d'administration.

Toutefois, le Conseil ne sera tenu de pourvoir au remplacement que dans le cas où le nombre des administrateurs serait descendu au-dessous de cinq.

L'administrateur nommé en remplacement d'un autre dont le mandat n'était pas expiré ne demeure en fonctions que pendant le temps restant à courir de l'exercice de son prédécesseur.

Art. 25.

Chaque administrateur doit avant d'entrer en fonctions, déposer dans la caisse de la Société cinquante actions nominatives qui restent inaliénables pendant la durée de ses fonctions et sont frappées d'un timbre indiquant cette inaliénabilité conformément à la loi.

Elles demeurent affectées à la garantie de sa gestion.

Art. 26.

Les administrateurs reçoivent, à titre de rémunération de leur mandat, des jetons de présence dont l'importance; fixée par l'Assemblée générale constitutive, reste maintenue jusqu'à décision contraire de l'Assemblée générale des actionnaires. Ils ont droit en outre à une part dans les bénéfices, dans les termes de l'article 50.

Ils se répartissent, ainsi qu'ils le jugent convenable, la valeur des jetons de présence et ladite part de bénéfices.

Art. 27.

Chaque année, le Conseil choisit, s'il le juge utile, un Président.

En cas d'absence du Président, ou à défaut de nomination, le Conseil désigne, pour chaque séance, un Membre chargé de présider.

Art. 28.

Le Conseil d'administration se réunit au siège social ou dans tout autre endroit, aussi souvent que l'intérêt de la Société l'exige.

Les décisions sont prises à la majorité des membres présents.

En cas de partage des voix, la proposition est renvoyée au Conseil suivant, et alors, s'il y a partage des voix, elle est rejetée.

La présence de trois administrateurs est nécessaire pour valider les délibérations, si le nombre des administrateurs en exercice n'est pas supérieur à huit; dans le cas contraire, la présence de cinq membres au moins est indispensable pour la validité des décisions.

Nul ne peut voter par procuration dans le sein du Conseil.

Art. 29.

Les délibérations sont constatées par des procès-verbaux inscrits sur un registre et signés par deux administrateurs. Les noms des membres présents et absents sont constatés en tête du procès-verbal de chaque séance. Les copies et extraits de ces délibérations à produire en justice ou ailleurs sont certifiés par deux des administrateurs ayant ou non pris part à la délibération.

Art. 30.

Le Conseil d'administration a les pouvoirs les plus étendus sans limitation et sans réserve pour agir au nom de la Société et faire toutes les opérations relatives à son objet et notamment :

Il touche toutes les sommes qui peuvent être dues à la Société, effectue tous retraits de cautionnement en espèces ou autrement et donne toutes quittances et décharges.

Il autorise toutes mainlevées de saisies mobilières ou immobilières, d'oppositions ou d'inscriptions hypothécaires, ainsi que tous désistements de privilège et autres droits, le tout avec ou sans paiements; il consent toutes antériorités.

Il autorise toutes instances judiciaires, soit en demandant, soit en défendant ;

Il traite, transige et compromet sur tous les intérêts de la Société ;

Il fixe les dépenses générales d'administration ;

Il autorise et fait tous achats d'immeubles ainsi que toutes ventes, échanges ou baux d'immeubles appartenant à la Société; il touche tous prix de vente.

Il consent tous traités, marchés, soumissions et entreprises à forfait ou autrement, demande et accepte toutes

concessions et contracte à l'occasion de toutes ces opéra
tions tous engagements et obligations ;

Il statue sur les études, projets, plans et devis proposés
pour l'exécution des travaux ;

Il fixe le mode de paiement vis-à-vis des débiteurs de la
Société soit par annuités dont il fixe le nombre et la quotité,
soit en espèces, soit autrement ;

Il consent et accepte tous baux avec ou sans promesse de
vente ;

Il cède et achète tous biens et droits mobiliers ou immobiliers et opère tous échanges mobiliers ;

Il peut acquérir, déléguer et transporter toutes créances
ou redevances aux prix et conditions qu'il juge à propos ;

Il emprunte toutes sommes nécessaires aux besoins et
affaires de la Société, soit par émission d'obligations, soit
de toute autre manière, aux taux, charges et conditions
qu'il juge convenables ;

Il peut hypothéquer tous immeubles de la Société, consentir tous cautionnements hypothécaires ou autres, toutes
antichrèses et délégations, donner tous gages, nantissements
et autres garanties mobilières et immobilières, de quelque
nature qu'elles soient ;

Il peut accepter en paiement toutes annuités et délégations et accépter tous gages et autres garanties de
quelque nature qu'elles soient ;

Il autorise tous prêts. avances et crédits ;

Il accepte tous dépôts d'argent ou de titres, il en dé-
livre récépissé ;

Il peut réaliser toutes annuités, soit par voie de négo-
ciation ou d'emprunt ou de quelque autre manière que
ce soit ;

Il signe tous billets, traites, lettres de change, mandats,
endos et effets de commerce ;

Il cautionne et avalise ;

Il détermine, au mieux des intérêts de la Société, l'emploi du capital social, des réserves et généralement de toutes sommes disponibles;

Il autorise tous retraits, transferts, transports, conversions et aliénations de fonds, rentes, créances, annuités, biens et valeurs quelconques appartenant à la Société, et ce avec ou sans garantie;

Il nomme et révoque tous mandataires, employés ou agents, détermine leurs attributions, leurs traitements, leurs salaires et gratifications, soit d'une manière fixe, soit autrement;

Il arrête les comptes qui doivent être soumis à l'Assemblée générale, fait un rapport sur ces comptes et sur la situation des affaires sociales;

Il propose la fixation des dividentes à répartir;

Il élit domicile partout où besoin est;

Enfin, il statue sur tous les intérêts qui rentrent dans l'administration de la Société.

Les pouvoirs qui viennent d'être conférés au Conseil l'administration sont énonciatifs et non limitatifs de ses droits, ces pouvoirs devant être aussi étendus que ceux du gérant le plus autorisé d'une Société commerciale en nom collectif.

Le Conseil d'administration représente la Société en justice, tant en demandant qu'en défendant.

En conséquence, c'est à sa requête ou contre lui que doivent être intentées toutes actions judiciaires.

Art. 31.

Le Conseil peut déléguer tout ou partie de ses pouvoirs qu'il juge convenable, à un ou plusieurs des administrateurs, ou à un ou plusieurs directeurs ou sous-directeurs, pris même en dehors de son sein.

Le Conseil détermine et règle les attributions du ou des administrateurs délégués, directeurs ou sous-directeurs, et fixe, s'il y a lieu, le chiffre des actions que ces directeurs ou sous-directeurs devront posséder et dont les titres resteront déposés dans la caisse sociale.

Il détermine le traitement fixe ou proportionnel à allouer aux administrateurs délégués, aux directeurs ou sous-directeurs et à prélever sur les frais généraux.

Le Conseil peut aussi conférer des pouvoirs à telle personne que bon lui semble, par mandat spécial et pour un objet déterminé.

Art. 32.

M. Médard Béraud à raison de ses connaissances spéciales des affaires africaines, exercera les fonctions de directeur de la Société pendant les trois premières années.

Il sera investi pendant la durée de ses fonctions de tous les pouvoirs conférés au Conseil d'administration. Il aura donc les pouvoirs les plus étendus, sans limitation et sans réserve pour agir seul au nom de la Société et faire toutes les opérations relatives à son objet.

En garantie de sa gestion en tant que directeur, M. Béraud laissera à la souche cent actions entièrement libérées qui seront inaliénables et frappées d'un timbre indiquant leur inaliénabilité pendant sa gestion.

En rémunération de son concours personnel et tant que dureront ses fonctions de directeur, M. Béraud recevra un traitement de vingt mille francs qui sera porté au compte *frais généraux*, sans préjudice, bien entendu, des avantages auxquels il pourra avoir droit en qualité d'administrateur.

Art. 33.

Les actes engageant la Société vis-à-vis des tiers devront porter, soit les signatures de deux administrateurs, soit celle du directeur ou administrateur délégué, soit enfin celles de deux mandataires nommés par le Conseil.

Néanmoins, les actes ou traités passés en dehors du département de la Seine, seront valablement stipulés et signés par un seul mandataire, administrateur ou autre, avec mandat spécial.

Le Conseil peut enfin, désigner une ou plusieurs personnes, agissant isolément, pour signer la correspondance et acquitter ou endosser les effets en son nom.

Art. 34.

Les Administrateurs de la Société ne peuvent faire avec elle aucun marché ou entreprise sans y avoir été autorisés préalablement par l'Assemblée générale des Actionnaires, conformément à l'article 40 de la loi du 24 juillet 1867. Il est, chaque année, rendu compte à l'Assemblée générale de l'exécution des marchés ou entreprises qu'elle aura ainsi autorisés. Mais il est facultatif aux administrateurs de s'engager avec la Société envers les tiers, et ils peuvent, dans toute opération de la Société, être participants.

Art. 35.

Conformément à l'article 32 du Code de commerce, les administrateurs ne contractent, en raison de leur gestion, aucune obligation personnelle ; ils ne répondent que de l'exercice de leur mandat.

TITRE V

Commissaires.

Art. 36.

L'Assemblée générale nomme chaque année un ou plusieurs commissaires, actionnaires ou non, toujours rééligibles, qui remplissent les fonctions déterminées par la loi du 24 juillet 1867. Elle fixe l'indemnité qui est allouée à chacun d'eux et qui est maintenue jusqu'à décision contraire de l'Assemblée générale des actionnaires. En cas de refus, d'empêchement, de décès, de démission de l'un des commissaires, l'autre ou les autres commissaires en exercice remplissent seuls leurs fonctions.

S'il est nommé plusieurs commissaires, ils peuvent agir ensemble ou isolément.

TITRE VI

Assemblées générales.

ART. 37.

L'Assemblée générale, régulièrement convoquée et constituée, représente l'universalité des actionnaires.

Elle se compose des actionnaires propriétaires ou représentant dix actions au moins.

Peuvent seuls y figurer :

1° Les actionnaires propriétaires de titres nominatifs dont le transfert a eu lieu quinze jours au moins avant la date de la réunion ;

2° Les titulaires de récépissés de dépôt délivrés en vertu de l'article 17, quinze jours avant la date de la réunion ;

3° Les propriétaires d'actions au porteur qui auront déposé leurs titres, quinze jours avant la date fixée pour la réunion, aux lieux et entre les mains des personnes désignées par le Conseil d'administration.

Toutefois, celui-ci aura toujours, s'il le juge convenable, la faculté de réduire ce délai et d'accepter des dépôts en dehors de cette limite.

Lorsque des actionnaires possédant moins de dix actions se seront groupés pour former le nombre nécessaire, le mandataire choisi par eux pour les représenter à l'Assemblée, devra, dans le même délai, déposer les pièces constatant ses pouvoirs.

Il sera remis à chaque déposant un récépissé de dépôt et une carte d'admission pour l'Assemblée générale. Cette carte sera nominative et personnelle. La liste des actionnaires est tenue à la disposition de ceux d'entre eux qui veulent en prendre connaissance, au siège social, quinze jours avant la date fixée pour l'Assemblée.

Le jour de la réunion, la liste est déposée sur le bureau.

Art. 38.

Nul ne peut se faire représenter à l'Assemblée, si ce n'est par un mandataire ayant lui-même le droit d'y être admis.

Les femmes mariées sous tout autre régime que celui de la séparation de biens peuvent y être représentées par leurs maris comme exerçant leurs droits et actions, les mineurs et les interdits par leurs tuteurs, les nus-propriétaires par les usufruitiers et réciproquement; les Sociétés, communautés et établissements publics par leurs administrateurs ou directeurs pourvus d'une autorisation ou d'un pouvoir suffisant. La forme des pouvoirs est déterminée par le Conseil d'administration.

Art. 39.

L'Assemblée générale ordinaire se réunit chaque année, dans le courant du premier semestre, au siège de la Société ou dans tel autre endroit de Paris indiqué par l'avis de convocation.

La réunion de la première Assemblée aura lieu dans le courant du premier semestre de l'année 1896.

Elle se réunit en outre extraordinairement toutes les fois que le Conseil d'administration en reconnaît l'utilité.

Art. 40.

Les convocations sont faites vingt jours au moins avant la réunion, par un avis inséré dans un journal de Paris désigné pour la publication des annonces légales.

Lorsque l'Assemblée doit être appelée à délibérer sur les objets prévus à l'article 46 et à l'article 54, l'avis de convocation doit l'indiquer.

Art. 41.

L'Assemblée ordinaire est régulièrement constituée lorsque ses membres représentent le quart des actions émises. Si cette condition n'est pas remplie sur une première convocation, il en est fait une deuxième au moins à quinze jours d'intervalle.

Dans ce cas, le délai entre la convocation et le jour de la réunion est réduit à dix jours et le Conseil détermine le délai pendant lequel les actions au porteur doivent être déposées pour donner droit de faire partie de l'Assemblée.

Les membres présents à la deuxième réunion délibèrent valablement quels que soient leur nombre et celui de leurs actions sur les objets à l'ordre du jour de la première.

Art. 42.

L'Assemblée est présidé par le Président du Conseil d'administration ou, à son défaut, par un administrateur délégué par ses collègues.

Les deux plus forts actionnaires présents à l'ouverture de la séance, et, sur leur refus, ceux qui les suivent dans l'ordre de la liste, jusqu'à acceptation, sont appelés à remplir les fonctions de scrutateurs.

Le Président et les scrutateurs désignent le Secrétaire, qui peut être pris en dehors de l'Assemblée.

Art. 43.

Les délibérations sont prises à la majorité des voix des membres présents.

Chacun d'eux a autant de voix qu'il représente de fois dix actions sans cependant dépasser 25 voix comme propriétaire et 25 voix comme mandataire.

Le scrutin secret a lieu lorsqu'il est réclamé par 20 membres au moins, représentant le dixième au moins du capital social.

Art. 44.

Il ne peut être mis en délibération ni en discussion aucune autre proposition que celles mises à l'ordre du jour; il n'y est porté que les propositions émanant du Conseil d'administration ou des commissaires, ou qui ont été communiquées au Conseil dix jours au moins avant la réunion, avec la signature d'actionnaires ayant le droit d'assister à l'Assemblée, représentant ensemble le quart au moins du fonds social.

Art. 45.

L'Assemblée générale annuelle entend le rapport du Conseil d'administration sur la situation des affaires sociales.

Elle entend également le rapport du ou des commissaires.

Elle nomme les administrateurs et le ou les commissaires.

Elle entend, discute, et s'il y a lieu, approuve les comptes.

Elle fixe le dividende, sur la proposition du Conseil d'administration.

Elle prononce souverainement, dans la limite des statuts, sur tous les intérêts de la Société et confère au Conseil d'administration les pouvoirs nécessaires pour les cas non prévus aux présents statuts.

L'Assemblée générale annuelle peut être ordinaire et extraordinaire si elle réunit les conditions nécessaires.

ART. 46.

Les Assemblées générales extraordinaires, qui sont appelées à délibérer sur l'augmentation au-delà de cinq millions de francs ou la diminution du fonds social, sur les modifications à faire aux statuts sur la prolongation ou la dissolution anticipée de la Société, ne sont régulièrement constituées et ne délibèrent valablement que si elles réunissent le nombre d'actions exigé par la loi en vigueur au moment de la réunion.

Si, sur une première convocation, les actionnaires ne réunissent pas ce nombre d'actions, le Conseil d'administration peut, dans une nouvelle convocation, abaisser à deux le nombre d'actions donnant droit de faire partie de l'Assemblée.

Dans ce cas, chaque actionnaire aura autant de voix qu'il possédera de fois deux actions, sans pouvoir, tant en son nom que comme mandataire, avoir droit à plus de cinquante voix.

ART. 47.

Les délibérations de l'Assemblée, prises conformément aux statuts, obligent tous les actionnaires, même absents, incapables ou dissidents.

Elles sont constatées par des procès-verbaux inscrits sur un registre spécial et signés par les membres composant le bureau, ou au moins par la majorité d'entre eux.

Il est tenu une feuille de présence destinée à constater le nombre des actionnaires assistant ou représentés à l'Assemblée et celui de leurs actions. Elle est revêtue des mêmes signatures que le procès-verbal.

ART. 48.

Les copies ou extraits des procès-verbaux des délibérations de l'Assemblée sont certifiés conformes par deux administrateurs.

Après la dissolution de la Société et pendant la liquidation, ces copies ou extraits sont certifiés par les liquidateurs ou l'un d'eux.

TITRE VII

États de situation. — Inventaire,
Comptes annuels. — Répartition des bénéfices.
Fonds de réserve et de prévoyance.

ART. 49.

L'année sociale commence le 1er janvier et finit le 31 décembre.

Le premier exercice comprend le temps à courir jusqu'au 31 décembre 1895.

Il est dressé, tous les six mois, un état de la situation active et passive de la Société, conformément aux prescriptions de l'article 34 de la loi du 24 juillet 1867, et à la fin de chaque année sociale, un inventaire général de l'actif et du passif.

Les comptes sont arrêtés par le Conseil d'administration et soumis par lui à l'Assemblée générale.

Quinze jours au moins avant l'Assemblée générale, tout actionnaire peut prendre au siège social, communication de l'inventaire et de la liste des actionnaires et se faire délivrer copie du bilan résumant l'inventaire et du rapport des Commissaires.

Art. 50.

Les produits nets, déduction faite de tous appointements, frais, impôts, traitements et charges, constituent les bénéfices.

Sur ces bénéfices, il est d'abord prélevé : 1º 5 0/0 pour le fonds de réserve légale jusqu'à ce que ce fonds ait atteint le dixième du capital social, après quoi le prélèvement affecté à sa formation cesse d'être obligatoire, sauf à reprendre son cours s'il descendait au-dessous de ce dixième du capital social ; 2º la somme nécessaire pour fournir aux actions 5 0/0 des sommes dont elles sont libérées, sans que, si les bénéfices d'une année ne permettaient pas ce paiement, les actionnaires puissent les réclamer sur le bénéfice des années subséquentes.

Sur les bénéfices restant disponibles, après ces prélèvements, l'Assemblée générale pourra encore prélever, avant toute distribution, sur la proposition du Conseil d'administration, une somme destinée à la création d'un fonds de prévoyance dont elle déterminera le montant.

Les propositions du Conseil, à ce sujet, ne pourront être repoussées que par une majorité des deux tiers des voix présentes ou représentées.

Ce qu'il restera des bénéfices après les prélèvements ci-dessus et la somme affectée au fonds de prévoyance sera attribué : 60 0/0 aux actions, 15 0/0 au Conseil d'administration, 5 0/0 à la disposition du Conseil pour être répartis par lui en gratifications et 20 0/0 aux parts bénéficiaires ci-après créées.

Art. 51.

Le paiement des dividendes se fait aux époques fixées par le Conseil d'administration.

Le Conseil d'administration pourra, dès la clôture de l'exercice, procéder à la répartition d'un acompte sur le dividende de l'année, si les bénéfices de l'année le permettent.

TITRE VIII

Parts bénéficiaires.

Art. 52.

Pour représenter aux mains de la Société Daumas et Cie les 20 0/0 dans les bénéfices qui leur sont attribués, article 50, il est créé deux mille titres dits parts bénéficiaires, qui seront extraits de registres à souche, frappés au timbre de la Société et revêtus de la signature de deux administrateurs.

Ces titres sont nominatifs ou au porteur attribués à la Société Daumas et Cie, en liquidation.

Ces parts bénéficiaires ne confèrent aucun droit de propriété dans l'actif social et ne donnent aucun droit de présence aux Assemblées générales. Elles donnent seulement droit à une part dans les bénéfices, comme il est dit sous l'article 50.

Elles sont indivisibles; la Société ne reconnaît qu'un propriétaire par titre. Toutefois ces titres pourront être fractionnés par simple décision du Conseil d'administration.

La possession d'une part bénéficiaire emporte de plein droit adhésion aux stipulations résultant des présentes et aux décisions de l'Assemblée générale des actionnaires.

Les parts bénéficiaires conserveront l'intégralité des 20 0/0 dans les bénéfices tels qu'ils sont déterminés dans l'article 50 dans toutes les extensions de la Société, soit que ces extensions proviennent d'augmentation de capital ou de fusion avec d'autres Sociétés.

Elles n'auront aucune réclamation à exercer en cas de liquidation anticipée ou de fusion.

TITRE IX.

Modifications aux statuts. — Prorogation.
Dissolution. — Liquidation,

Art. 53.

L'Assemblée générale peut, sur l'initiative du Conseil d'administration, apporter aux présents statuts les modifications dont l'utilité aura été reconnue. Elle peut notamment autoriser :

L'augmentation du capital, en une ou plusieurs fois;

La réduction du même capital;

La prolongation de la durée de la Société;

La dissolution avant le terme fixé pour sa durée;

La fusion avec toutes autres Sociétés;

La cession, soit sous la forme d'apport à une autre Société, soit sous forme de vente.

Les modifications peuvent même porter sur l'objet de la Société, mais sans pouvoir le changer complètement ou l'altérer dans son essence.

Dans tous ces cas, les avis de convocation doivent contenir l'indication sommaire de l'objet de la réunion.

La délibération n'est valable qu'autant que la moitié du capital social est représentée.

Art. 54.

La Société sera dissoute de plein droit, dans le cas où pour une cause quelconque elle ne pourrait dans le délai de dix mois, à compter de sa constitution définitive, prendre livraison des établissements officiels situés dans l'étendue des territoires concédés par le gouvernement et où, par suite, la Société se trouverait déchue du bénéfice de la concession du Haut-Ogooué, conformément aux dispositions de la convention du 30 octobre 1893.

Art. 55.

En cas de perte des deux tiers du fonds social, les administrateurs doivent convoquer l'Assemblée générale de tous les actionnaires à l'effet de statuer sur la question de savoir s'il y a lieu de prononcer la dissolution de la Société.

L'Assemblée est régulièrement constituée lorsqu'elle réunit le nombre d'actions exigé par la loi en vigueur au moment de la réunion.

A défaut de convocation par le Conseil d'administration, le ou les commissaires peuvent réunir l'Assemblée générale.

Art. 56.

A l'expiration de la Société, ou en cas de dissolution anticipée, l'Assemblée générale règle le mode de liquidation et nomme, s'il y a lieu, un ou plusieurs liquidateurs. Sauf décision contraire de l'Assemblée générale, le Conseil d'administration en exercice est chargé de la liquidation.

Les liquidateurs ont mission et pouvoir de réaliser même à l'amiable tout l'actif mobilier et immobilier de la Société et d'éteindre le passif.

Sauf les restrictions que l'Assemblée générale pourrait

y apporter, ils ont, à cet effet, en vertu de leur seule qualité, les pouvoirs les plus étendus, d'après les lois et usages du commerce, y compris ceux de traiter, transiger, compromettre, conférer toutes garanties, même hypothécaires, s'il y a lieu consentir tous désistements et mainlevées avec ou sans paiement. En outre, ils peuvent faire le transport ou la cession à tous particuliers ou à toutes Sociétés, soit par voie d'apport, soit autrement, de tout ou partie des droits, actions et obligations de la Société dissoute.

Pendant la liquidation, la Société conserve son caractère d'être moral et les pouvoirs de l'Assemblée générale continuent comme pendant l'existence de la Société ; elle a notamment le droit d'approuver les comptes de la liquidation et de donner décharge aux liquidateurs.

Dans le cas de dissolution anticipée ci-dessus prévue sous l'article 54, les premiers fonds à provenir de la liquidation, après extinction du passif social, serviront au remboursement, sans intérêts des sommes versées par les actionnaires.

TITRE X

Contestations. — Élection de domicile.

Art. 57.

Toutes les contestations qui pourront s'élever entre les associés sur l'exécution des présents statuts seront soumises à la juridiction des tribunaux compétents du département de la Seine.

Les contestations touchant l'intérêt général et collectif de la Société ne peuvent être dirigées contre le Conseil d'administration ou l'un de ses membres qu'au nom de la masse des actionnaires et en vertu d'une délibération de l'Assemblée générale.

Tout actionnaire qui veut provoquer une contestation de cette nature doit en faire, un mois au moins avant la prochaine Assemblée générale, l'objet d'une communication au Conseil d'administration, qui est tenu de mettre la proposition à l'ordre du jour de cette Assemblée.

Si la proposition est repoussée par l'Assemblée, aucun actionnaire ne peut la reproduire en justice dans un intérêt particulier. Si elle est accueillie, l'Assemblée générale désigne un ou plusieurs commissaires pour suivre la contestation.

Les significations auxquelles donne lieu la procédure sont adressées uniquement aux commissaires.

Aucune signification individuelle ne peut être faite aux actionnaires.

En cas de procès, l'avis de l'Assemblée devra être soumis aux tribunaux en même temps que la demande.

En cas de contestations, tout actionnaire sera tenu de faire élection de domicile à Paris, et toutes notifications et assignations seront valablement faites au domicile par lui élu sans avoir égard au domicile réel.

A défaut d'élection de domicile, les notifications judiciaires et extrajudiciaires seront valablement faites au Parquet du Tribunal civil de la Seine. Le domicile élu formellement ou implicitement entraînera attribution aux tribunaux compétents du département de la Seine, tant en demandant qu'en défendant.

Dispositions transitoires relatives à la Constitution de la présente Société et aux augmentations du capital social.

ART. 58.

La présente Société ne sera définitivement constituée qu'après :

Premièrement : Que les 2.000 actions à souscrire en espèces auront été souscrites (1) et libérées au moins d'un quart, ce qui sera constaté par une déclaration faite par le fondateur dans un acte notarié à dresser à la suite des présentes et à laquelle déclaration sera annexée la liste des souscripteurs contenant l'état des versements effectués.

Deuxièmement : Qu'une première Assemblée générale où tous les actionnaires auront le droit d'assister, et qui devra représenter au moins la moitié du capital social aura reconnu la sincérité de la déclaration de souscription et de versement, et nommé un ou plusieurs commissaires, à l'effet d'apprécier les apports et les avantages stipulés aux statuts et faire rapport à ce sujet.

Troisièmement : Qu'une seconde Assemblée générale constituée de la même manière que la précédente aura, après un rapport émanant du ou des commissaires dont on vient de parler, et qui sera tenu à la disposition des actionnaires, cinq jours francs au moins avant celui de la réunion, statué sur les apports et avantages stipulés par les statuts, nommé le ou les commissaires et constaté leur acceptation ainsi que l'acceptation, par les administrateurs, des fonc-

---

(1) 2.000 actions à souscrire au lieu des 4.000 nécessaires pour satisfaire à la condition expresse d'un capital minimum de 2 millions de francs disponible exigé par la convention.

tions à eux conférées par les présents statuts, et par M. Bé-
RAUD des fonctions de directeur.

Ces deux Assemblées pourront être tenues dans les conditions déterminées par la loi du 24 juillet 1867.

Par exception, elles pourront être convoquées par une
insertion dans le journal d'affiches dit *Petites Affiches*, à
deux jours d'intervalle pour la première Assemblée, et à
six jours d'intervalle pour la deuxième. Ces insertions et
délais ne seront pas obligatoires dans le cas où toutes les
actions formant le capital social serait représentées aux
Assemblées.

Art. 59.

Par exception aussi, en cas d'augmentation du capital,
les Assemblées générales qui auraient à statuer sur la recon-
naissance de la sincérité de déclarations de souscription et
de versement ou sur l'approbation des rapports des commissaires, pourront être convoquées par un avis publié
dans un journal d'annonces légales, six jours seulement à
l'avance.

Tout actionnaire aura le droit de prendre part à ces
Assemblées comme à celles constitutives, dans les termes
de l'article 27 de la loi du 24 juillet 1867.

Publication.

Art. 60.

Pour déposer et publier les présents statuts et tous autres
actes relatifs à la constitution de la Société, ainsi que pour
la notification à faire au Ministère des Colonies, tous pouvoirs seront donnés au porteur d'une expédition ou d'une
copie de ces différents actes.

MÉMOIRE

*Remis à M. le Ministre des Colonies, le 16 mars 1895,
sur la concession Daumas et la Société commerciale,
industrielle et agricole du Haut-Ogooué.*

Points de fait.

Pour bien comprendre à quel point la concession Daumas modifie les conditions commerciales et économiques de l'Ogooué et lèse les intérêts des comptoirs établis à N'Djolé, qu'elle exproprie, à proprement parler, il faut remonter à quelques années en arrière, alors que tous les efforts de M. de Brazza étaient dirigés du côté de l'Ogooué, et qu'il comptait se servir de ce fleuve comme voie de transport pour desservir les postes créés ou à créer sur le Congo.

La maison allemande Woërmann, de Hambourg, puissante par ses capitaux disposait alors d'agents très remuants et d'un bon nombre de Sénégalais ; il était essentiel, à une époque où les différentes puissances n'avaient pas encore vu leurs droits respectifs déterminés par le congrès de Berlin, de ne pas laisser pénétrer dans le haut fleuve une maison étrangère qui n'aurait pas manqué de faire une véritable occupation commerciale — la plus dangereuse,— aurait tenté vraisemblablement en tout état de cause de détourner les produits de cette région de la route fluviale naturelle pour les diriger sur la colonie allemande du Cameroun, et en tout cas se serait ingéniée à contrarier les projets de M. de Brazza. C'est donc par une sage mesure de politique nationale que M. le Commissaire général de la

République française au Congo prit une mesure générale et ferma à tout le commerce indistinctement le fleuve l'Ogooué au point extrême de la navigation à vapeur, à N'Djolé. — En même temps, s'inspirant de l'inscription maritime, il faisait recruter, par ses agents, tous les hommes valides des trois tribus, les Okotas, les Okandais et les Adoumas, qui connaissent le haut fleuve, dangereux dans toute cette partie par la succession des rapides, déclarait toutes les pirogues propriété exclusive de la Colonie, et organisait par ce moyen ingénieux un service régulier de pirogues entre Franceville, point extrême du fleuve et N'Djolé ; il assurait ainsi le ravitaillement des quatre postes du haut fleuve (Lopé, Booué, Lastourville et Franceville) (1), en même temps qu'il témoignait de sa sollicitude pour les intérêts commerciaux.

Car ces pagayeurs, à la solde de la Colonie, avaient le droit de faire des échanges pour leur compte, avec les indigènes des rives du Haut-Ogooué ; ils apportaient aux comptoirs de N'Djolé l'ivoire et le caoutchouc qui trouvaient ainsi un débouché commercial, et les factoreries remettaient en échange aux pagayeurs de nouvelles marchandises qu'ils chargeaient sur leurs pirogues, après que l'Administration avait eu le soin d'assurer le transport des marchandises destinées au ravitaillement de ses postes.

Le roulement commercial était donc facilement établi, et on conçoit aisément que dans ces conditions N'Djolé soit devenu une agglomération commerciale importante.

Aucune indication ne pouvait faire présumer une modification dans le régime commercial de la rivière ; la seule mesure qu'on pouvait légitimement espérer, c'est celle qui aurait consisté, la raison de politique nationale n'existant

---

(1) N'Djolé est à 260 kilomètres environ du cap Lopez, et Franceville à 900 kilomètres environ.

plus, à ouvrir de nouveau au commerce le fleuve dans un avenir plus ou moins rapproché, et à laisser s'exercer la liberté commerciale lorsqu'intervint la convention du 30 octobre 1893, par laquelle **M.** Delcassé accordait à **M.** Daumas, dont la maison avait établi à N'Djolé des comptoirs au même titre que les autres commerçants, la concession et le monopole pour trente années du bassin supérieur de l'Ogooué. Cette mesure ferme, en réalité, définitivement cette contrée aux autres négociants au bénéfice de **M.** Daumas. Car cette concession d'une étendue de 11 millions d'hectares englobe tous les pays, qui directement ou non font quelque commerce avec N'Djolé. La conséquence naturelle serait donc que **M.** Daumas, ou sa Société, avec le droit régalien qui lui est conféré en vertu des articles 1, 3, 4 et 9 de la convention, se substituant pour ainsi dire au lieu et place du gouvernement de la colonie, qui lui cède ses postes, la police de la rivière, le droit d'introduire des armes prohibées et des munitions dans la colonie, sous prétexte d'assurer la sécurité de ses établissements, aurait le seul privilège d'acheter tous les produits du pays d'origine, tout en étant en mesure d'en empêcher l'arrivée à N'Djolé et d'anéantir tout le commerce des autres factoreries.

Ou comprend donc dans ces conditions ce que ce monopole, qui, par ses conséquences, équivaut à l'abandon complet d'un bassin entier d'un fleuve entre les mains d'un seul. a d'exhorbitant, et combien, sans parler de l'étendue inconcevable dont il a été question, les droits spéciaux dont il est fait mention ci-dessus sont aggravés par le régime actuel tout particulier de la rivière.

En résumé, si le commerce ne montait pas dans le haut fleuve, l'indigène descendait librement avec ses produits et venait à l'agglomération commerciale. Ce qu'il faut retenir, c'est que l'indigène ne descendra plus pour son compte.

On a prétendu qu'il n'y avait pas de maisons françaises à

N'Djolé; il convient d'indiquer les noms des colons français qui se trouvent ainsi expropriés pour cause d'utilité privée.

C'est d'abord M. Monthaye, dont la réclamation ci-jointe (Voir la pièce justificative, nº 2), adressée à la Chambre de Commerce de Dunkerque, est parvenue à M. le ministre des Colonies, par l'entremise de M. le sénateur Trystram.

Il est facile d'apprécier le dommage causé à un commerçant, qui est venu apporter avec ses capitaux sa courageuse et utile initiative et se trouve par cette concession littéralement ruiné. Il a quelque peu raison de se demander où, dans de telles conditions, pourrait exister la garantie pour le colon.

Puis, c'est la maison Boggio et Cⁱᵉ, commissionnaires en marchandises à Paris, qui, concessionnaire d'un terrain à N'Djolé, n'a pu, malgré les gros capitaux dont elle dispose, reconstituer le comptoir qu'elle avait eu antérieurement à N'Djolé, et cela par suite de l'incertitude qui a plané et continue de planer sur la validité de la concession, et qui a dû se borner à créer un comptoir important à Libreville. Une note jointe à ce mémoire (voir les Pièces justificatives 3 et 3 *bis*) permettra d'apprécier les conditions dans lesquelles une demande de concession de 500.000 hectares dans le Haut-Ogooué sans charte ni privilège, faite il y a trois ans, a été repoussée par le sous-secrétaire d'État. Et pourtant c'est à cette maison que la Société Daumas s'est adressée pour obtenir un crédit important, en marchandises et espèces, dont elle avait besoin, il y a deux ans, pour soutenir ses établissements au Congo.

Et, enfin, c'est surtout M. Gazengel qui, un des premiers, a compris que la culture était l'avenir de la colonie du Congo, et s'est courageusement appliqué à créer une entreprise agricole aujourd'hui des plus intéressantes.

Pour bien comprendre le dommage, qui peut résulter pour un planteur, d'un tel monopole, il faut savoir qu'aujourd'hui encore, en France, on trouve difficilement des capitaux qui consentent à s'immobiliser cinq années en vue de la culture du caféier et du cacaotier.

Le crédit se présente donc pour les planteurs sous forme de marchandises, et le commerce devient l'accessoire indiqué, nécessaire de la culture. A côté de la plantation, on crée un comptoir, et on choisit une agglomération comme Ñ'Djolé (sans, bien entendu, négliger pour cela la fertilité du sol), afin de pouvoir faire conjointement des opérations commerciales.

On peut jusqu'à trois fois dans l'année renouveler ses marchandises, et on consacre les bénéfices qui résultent du commerce au paiement de ses travailleurs et à l'extension de sa plantation.

C'est dans cet esprit, et sur la foi des traités, que M. Gazengel s'est installé à N'Djolé, où il a une concession de 500 hectares, dont une bonne partie débroussée, et une étendue de plus de 25 hectares recouverte de caféiers et de cacaotiers de trois, deux et un an, sans compter soixante-dix mille semis environ de caféiers et de cacaotiers.

Que le crédit en marchandises lui soit aujourd'hui refusé par la crainte de ce monopole, qui lui enlève la possibilité de faire du commerce et de couvrir par des produits du pays le commissionnaire qui lui consent le crédit, M. Gazengel serait obligé, après trois années de travail opiniâtre, d'abandonner, à la veille de voir ses efforts couronnés de succès, un essai si intéressant pour l'avenir de la colonie.

Tous ces colons payent à la colonie une patente de six cents francs comme commerçants et divers droits.

En dernier lieu, il faut mentionner M. Sajoux, le plus ancien colon du Gabon, où il était installé depuis 1865, et qui faisait depuis plusieurs années partie du Conseil d'administration de la colonie. Lui aussi avait d'importants établissements à N'Djolé, et si sa mort n'était survenue en mai 1894, peu de temps après celle de M. Daumas, il aurait vu son œuvre de trente années compromise pour ne pas dire anéantie par cette exorbitante concession. Sa maison subsiste toujours avec le même personnel exclusivement français; mais, à la liquidation, à la suite du décès, elle a été reprise par des capitaux anglais.

Néanmoins, on remarquera que la mesure avait été prise avant sa mort, et sans qu'on ait songé à tenir compte, malgré ses protestations, au négociant respectable entre tous de sa persévérance et des efforts qu'il avait faits pendant une si longue période de temps pour le développement de la colonie.

De cet exposé il ressort que les intérêts de quatre maisons françaises étaient lésés par la convention Daumas en 1893.

Points de droit.

Outre ce qu'il y a d'injuste à supprimer d'un trait de plume les concurrents de la maison Daumas, sans avantage pour la colonie ni pour l'État, on peut se poser la question de la validité en droit d'une telle concession.

Soit que l'on se reporte aux travaux de la Commission extra-parlementaire de 1890, soit que l'on remonte à la consultation du Conseil supérieur des colonies en 1891, on constatera que l'opinion émise dans le sens le plus favorable aux concessions de cette nature tenait pourtant pour nécessaire la consultation du Conseil d'État. Or, ici, c'est un simple décret sur l'initiative exclusive du sous-secrétaire d'État, qui confère à la fois et le droit de souveraineté, ce droit supérieur dont le législateur même hésite à disposer, et un monopole, dont l'opportunité est à coup sûr contestable au point de vue des intérêts mêmes de la colonie.

Ce décret n'est en somme que l'approbation d'un simple

sous-seing privé, et, étant donnée la délégation incontestable de souveraineté (articles 1, 3, 4, 9 de la convention), il y a là un excès de pouvoir sur lequel, le cas échéant, le Conseil d'État pourrait avoir à se prononcer.

Ce qu'il y a de certain, c'est que l'on vivait depuis 1890, époque à laquelle la question des concessions fut soulevée, sous un régime de transition ; une loi était pendante et l'est encore devant le Sénat. Ce n'était plus évidemment le droit ancien, mal défini d'ailleurs en la matière par les sénatus-consultes, auquel il fallait avoir recours, mais ce n'était pas encore le droit nouveau, non encore établi.

Était-il prudent alors d'escompter le vote du Parlement en tentant d'appliquer sous sa propre responsabilité un droit nouveau ? — L'heure en tout cas semblait mal choisie pour les innovations. Et encore une fois, la prudence commandait de s'abstenir et de ne rien faire avant d'avoir obtenu du Parlement le vote de la loi qui doit régler les concessions coloniales. — Et pourtant, devant des demandes de monopoles et de privilèges de cette nature, on ne voit aucune intervention surgir pour hâter l'élaboration de cette loi, qui aurait eu au moins l'avantage de régler la matière. Bien plus, étant donné les circonstances, il semblait indiqué de recourir à l'avis du Conseil supérieur des colonies, et on reste deux ans sans provoquer la réunion de cette Assemblée, qui pourtant, avait quelque qualité pour émettre au moins une opinion sur les cas spéciaux qu'on aurait dû lui soumettre. Au lieu de cela, on procède par sous-seing privé, en s'abstenant de donner avant comme après aucune publicité aux termes de la convention, à telle enseigne que les intéressés dans l'Ogooué les ignorent encore. — Ces colons, qui sont lésés, à la veille d'être expropriés, se demandent encore à l'heure actuelle quand, pourquoi et comment. Le *Journal officiel de la République française* et le *Journal officiel de la colonie* sont demeurés en effet muets sur ce sujet. — Une autre considération peut entrainer la nullité de la convention. L'opinion émise récemment à la tribune de la Chambre par l'honorable **M.** Delcassé, vient confirmer cette allégation. L'ancien ministre des colonies n'hésita pas, en effet, à déclarer formellement que la concession, que lui-même a accordée comme sous-secrétaire d'Etat en 1893, à **M.** Daumas, et qu'il doit par conséquent connaître, est caduque par le fait de la mort de celui-ci, survenue avant qu'il ait pu réussir la constitution de la Société, imposée par le cahier des charges. — M. Delcassé, en faisant cette déclaration, semble avoir compris l'inconvénient qu'il y aurait eu à aliéner, pour quelques mois même, une étendue aussi considérable de territoire, et de disposer de droits aussi graves en faveur d'ayants droit qui, par les hasards d'une succession, pouvaient être absolument inhabiles à remplir les obligations imposées par la convention. — Ce contrat a donc été fait *intuitu personœ :* C'est une chose qui n'est pas dans le commerce, n'est ni cessible ni transmissible, si ce n'est, d'après les termes mêmes du contrat, que par **M.** Daumas, *personnellement* à la Société qu'il aurait dû former *personnellement* avant le **31** décembre 1894.

D'un autre côté, si le sous-secrétaire d'État avait entendu traiter, avec M. Daumas, comme seul gérant de la maison Daumas et Cie, cette qualité aurait été exprimée dans la mention des personnes contractantes ; elle ne saurait en aucun cas se présumer, et il ne paraît pas suffisant que « cela puisse ressortir de la correspondance et des livres de la Société Daumas et Cie », ainsi qu'il est dit dans les statuts de la Société du Haut-Ogooué (chapitre des apports.)

Ces circonstances rendent donc plus facile encore le rétablissement du droit et de la justice à l'égard de tous les intéressés, qui souffrent dans leurs affaires, de l'équivoque que fait naître l'attitude prise par la Société du Haut-Ogooué.

qui se déclare régulièrement nantie (1), et de l'incertitude qui plane sur la validité d'une Compagnie formée dans ces conditions. Et, en effet, il est impossible, pour les négociants de N'Djolé, devant une telle situation, d'obtenir ou de faire venir les marchandises nécessaires au trafic, puisqu'on ignore si le trafic continuera, c'est-à-dire si les pirogues descendront ou non jusqu'à N'Djolé, ou si la Société, nantie de cette concession, ne confisquera pas — (ce qui est conforme à ses intérêts et ressort des termes du contrat) — tout le commerce à son profit.

Il est une autre considération assez grave pour ne pas être laissée dans l'ombre; elle a trait à la constitution du capital.

L'article 6 de la convention dit qu' « *en échange des avantages stipulés, M. Daumas prend, vis-à-vis de la colonie, l'engagement de constituer, dans un délai qui ne pourra excéder le 31 décembre 1894, une Société anonyme au capital de deux millions de francs minimum, à laquelle il transmettra tous les droits et obligations du présent contrat.* »

Or, il suffit d'ouvrir les statuts de la Société pour se rendre compte que cette obligation essentielle, d'un capital minimum de 2 millions, n'a pas été remplie.

Il n'est pas permis de conserver la moindre illusion, lorsqu'on a lu l'article 3 du titre premier de ces statuts.

« *La Société a pour objet l'exploitation et le développement des établissements commerciaux, dont la Société Daumas et Cie est propriétaire sur la côte d'Afrique (Congo français), et l'exploitation commerciale, industrielle et agricole de la concession du bassin du Haut-Ogooué accordée par l'État.* »

Mais les deux millions exigés le sont évidemment — et cela est même expressément formulé dans la convention — en vue exclusivement de l'exploitation du haut fleuve. La

____

(1) Voir la pièce justificative n° 1.

condition essentielle du contrat était la constitution d'une nouvelle Société, qui devait être absolument indépendante de l'ancienne maison Daumas et Cie, dont **M.** Daumas était le chef, et ne pouvait servir exclusivement à faciliter la liquidation de sa première Société. Il est plus que probable que lorsque **M.** Delcassé a accordé cette concession, cette Société à deux fins n'était pas dans son esprit, et que sa prétention était de faire consacrer par une Société, que **M.** Daumas était chargé de former, un minimum de deux millions de francs absolument disponibles à la mise en valeur et à l'exploitation des **11** millions d'hectares ainsi octroyés.

M. Médard-Béraud semble avoir préféré se servir d'un artifice pour liquider d'une façon simple la Société Daumas ; c'est à coup sûr habile, mais en même temps irrégulier.

La Société Daumas fait ainsi apport à la Société du Haut Ogooué d'établissements qu'elle évalue avec le titre de concession à un million de francs, alors que la plupart de ces établissements situés en dehors du bassin de l'Ogooué n'ont rien à faire avec l'exploitation du haut fleuve et constituent par conséquent en vue de celle-ci plutôt une charge qu'un avantage.

En outre, la Société Daumas offrait en 1890 à la maison Boggio et Cie, et ensuite à une autre maison de commission la vente de tous ses établissements moins quelques parcelles de terre qui existent en plus aujourd'hui, y compris la flottille, au prix de 230.000 francs et de 300.000 francs. Si c'est la valeur que la Société a continué à donner à ces établissements, il faut alors qu'elle donne au titre de concession une valeur de 700.000 francs. Si cette manière d'opérer peut être admise, la condition du capital de deux millions de francs était purement illusoire, puisqu'il était loisible de donner à ce titre la valeur nécessaire pour parfaire le capital exigé, dans le cas de pénurie de souscripteurs.

M. Daumas n'avait d'ailleurs aucun titre à une récompense nationale aussi onéreuse pour ses concurrents ; car en 1892, il avait cédé à une Société belge, dite : Société anonyme belge, tous ses comptoirs établis sur territoire français à Loango, Manyanga, Brazzaville, plus ses établissements de la Sangha et de l'Oubanghi depuis Lirranga. En outre, la vente de ses comptoirs de Landana, Banana, Boma, Noky et Matady à l'Etat indépendant du Congo a eu pour résultat de diminuer l'influence française dans le bassin du Bas-Congo ; enfin, au moment du partage du Congo entre la France et l'Etat indépendant, la maison Daumas, poussée par des considérations commerciales, a paru se réclamer plutôt de l'association internationale africaine que de l'Etat français ; la conséquence fut de nous donner moins de force pour revendiquer ce qui nous revenait de droit après les efforts de nos explorateurs.

Quant aux établissements de l'Oubanghi et de la Sangha, également cédés par M. Daumas à des étrangers, l'Administration française avait tout fait pour lui faciliter les moyens de s'établir sur les points les plus favorables ; c'est ainsi que la colonie avait mis à sa disposition et ses agents et les moyens de transports fluviaux dont elle disposait.

Conclusion.

La Société a beau s'intituler pompeusement commerciale, industrielle et agricole, elle ne pourra être que commerciale avec le faible capital dont elle dispose, et elle sera dans l'impossibilité de faire aucun établissement sérieux.

Elle ne poursuivra d'autre but que le drainage de l'ivoire et du caoutchouc, et quand ces produits seront épuisés ou commenceront à prendre une autre route, elle profitera de ce que le contrat avec la colonie est fait de telle façon qu'il n'existe aucune sanction contre les agissements de la Compagnie, si ce n'est le cautionnement dérisoire de 40.000 francs (article 11 de la convention), et elle abandonnera la partie; l'opération se liquidera par l'abandon d'un pays épuisé et ruiné, et peut-être à feu et à sang, où l'initiative privée n'aura plus rien à faire dans la suite.

Car, après avoir lésé les blancs, la conséquence du monopole sera d'exaspérer les noirs : la Société, que les frais généraux ruineront, voudra en effet imposer ses prix à l'indigène qui, dans ces parages, connaît la valeur de ses produits par ses rapports antérieurs avec les comptoirs de N'Djolé. D'où une source de palabres intarissable.

La sécurité de la rivière n'est pas telle d'ailleurs, comme on en pourra juger par la pièce justificative n° 5, que le gouvernement de la colonie puisse en abandonner le soin à une Compagnie commerciale et s'en désintéresser : car le contrôle, dont il est parlé comme pour apporter une clause restrictive à la délégation de souveraineté, pour être sérieux sur une telle étendue et avec la difficulté des moyens de transport, reviendrait aussi cher à la colonie que l'entretien des postes actuels. Où est alors l'intérêt de la colonie? On voit bien ce qu'elle donne, mais on cherche en vain l'avantage qu'elle reçoit en retour.

De telles concessions d'ailleurs ne peuvent s'admettre surtout dans une colonie qui n'est pas une colonie de peuplement. Le problème gît au Congo dans l'assimilation et l'éducation du noir; et ce sont deux choses à l'encontre desquelles vont d'une manière absolue et un monopole et un droit de souveraineté confondus sur la tête d'une Société commerciale.

Il convient enfin en terminant d'appeler l'attention de M. le Ministre des Colonies sur la nécessité par une prompte intervention d'empêcher la prise de possession en laissant les choses en suspens jusqu'à ce que la résolution soit prise.

Jusqu'à ce jour il n'y a rien de fait, mais si tels arrêtés du gouvernement de la colonie du Congo venaient à livrer les postes du Haut-Ogooué à la Société qui prétend justifier de sa constitution par la notification qu'elle en a fait à la colonie, et qui commence à prendre position, si un commencement d'exécution intervenait, la Société chercherait à se montrer exigeante au point de vue de ses prétentions.

Cette considération, jointe à celle de la situation des intéressés, dont les affaires sont paralysées par cette période d'anxieuse attente (1), doit provoquer de la part de ministre une intervention immédiate.

La concession du monopole commercial et de la délégation de souveraineté sont deux faits également graves : la première est contraire au droit des gens, la seconde au droit constitutionnel.

Et ce n'est pas l'avantage problématique que pourrait avoir la colonie à se débarrasser de l'entretien de ses postes, en en remettant le soin à la société, qui serait une suffisante compensation à ces infractions graves, auxquelles le gouvernement de la colonie est mêmeabsolument étranger.

Le maintien exclusif du monopole commercial et le retour à la colonie du droit régalien n'est pas un terme moyen auquel on puisse s'arrêter. — Cette mesure ne ferait qu'augmenter les avantages de la Société en maintenant toutes les charges à la colonie, qui alors aurait à assurer la défense « publique » au seul profit de la Société du Haut-Ogooué, et cela avec les deniers des concurrents évincés.

Une seule mesure s'impose donc, l'annulation pure et simple de la convention.

WILLIAM GUYNET.

Mandataire de MM. Monthaye, Boggio et Cⁱᵉ, et Gazengel.

---

(1) Voir les pièces justificatives 2, 3 et 4.

PIÈCES

JUSTIFICATIVES

PIÈCE JUSTIFICATIVE N° 1

Journal officiel de la République française.

Dimanche, 3 mars 1895.

Journal officiel du Congo français.

5 février 1895.

CHAMBRE DES DÉPUTÉS

(2ᵉ Séance du 2 mars 1895.)

'M. DELCASSÉ. — La seconde concession, je l'ai donnée dans l'Ogooué, derrière le Gabon, à un homme qui avait rendu dans ces contrées les mêmes services que M. Verdier à la Côte - d'Ivoire. Je veux parler de M. Daumas, un nom bien connu de tous ceux qui s'occupent de questions coloniales. .

M. Daumas est mort avant d'avoir pu constituer la société qui lui était imposée par le cahier des charges; nous n'avons donc pas à nous occuper de cette concession.

M. MÉDARD BÉRAUD, administrateur-directeur de la Société commerciale, industrielle et agricole du Haut-Ogooué, a l'honneur d'informer la Colonie que cette Société a pris la suite, à partir du 1ᵉʳ janvier, des affaires de la maison Daumas et Cⁱᵉ en liquidation (1).

---

(1) Cette Société du Haut-Ogooué est bien celle qui s'est constituée avant le 31 décembre 1894, s'appuyant sur la Convention du 30 octobre 1893, dont la caducité pourtant a été affirmée par celui même qui l'avait consentie.

PIÈCE JUSTIFICATIVE N° II

Le 23 janvier 1895.

Monsieur G. Monthaye à Monsieur Léon Herbart, Président de la Chambre de Commerce de Dunkerque.*

MONSIEUR,

Rentré à Dunkerque après un second séjour au Congo français, où j'ai installé une factorerie, et connaissant tout l'intérêt apporté par la Chambre de Commerce aux questions coloniales, je prends la confiance de venir solliciter votre attention sur la situation qui serait faite aux négociants français à N'Djolé, si une mesure autrefois projetée par M. Delcassé, alors sous-secrétaire d'État aux colonies y était mise en vigueur.

La décision dont il s'agit intéresse les négociants installés comme moi à N'Djolé (station du fleuve Ogooué).

Il y a quelques années, le commerce de cette contrée était absolument libre, et les négociants s'installèrent sur ce point du fleuve, qui leur semblait propice à leurs intérêts, lorsque, par la suite, l'Administration de la colonie leur interdit le libre accès du Haut-Ogooué et faisant rétrograder les maisons établies en amont de N'Djolé, fixa ce point comme limite extrême de toute installation commerciale.

Du reste, l'on assurait aux négociants que cette interdiction de se porter en amont de N'Djolé n'était que temporaire,

---

* N.-B. — Cette lettre adressée à la Chambre de Commerce de Dunkerque a été envoyée en communication à M. le Ministre des colonies.

et les maisons groupées sur ce point attendaient le premier signal pour se porter en avant et se mettre en relations directes avec les producteurs.

Entre temps tout le commerce de N'Djolé continua à se faire avec le Haut-Ogooué par l'entremise des indigènes ainsi que l'avait décidé l'Administration.

C'est alors qu'intervint la convention, qui fait l'objet de la présente.

Par cette convention en date du 30 octobre 1893, **M.** Delcassé accordait à **M.** Daumas, commerçant, la concession et le monopole au point de vue commercial du bassin supérieur de l'Ogooué (objet de l'interdiction mentionnée ci-dessus), fermant ainsi définitivement cette contrée aux autres négociants au bénéfice de **M.** Daumas. Cette concession d'une étendue considérable englobait tous les pays qui, directement ou non font quelque commerce avec N'Djolé. Il en résultait naturellement que **M.** Daumas ayant seul le privilége d'acheter tous les produits aux pays d'origine, devait en empêcher l'arrivée à N'Djolé et anéantir ainsi tout le commerce des autres factoreries.

Décidé à m'installer sur ce point j'avais fait en mai 1892 un voyage préparatoire, voyage indispensable, quoi qu'on en dise, si l'on veut se faire une idée exacte des marchandises convenant aux échanges et s'organiser d'une façon sérieuse. J'avais constaté à N'Djolé la présence de maisons françaises, et, m'étant rendu compte que toutes leurs opérations se faisaient avec le Haut-Ogooué (ou, comme je l'ai dit des factoreries ou des traitants se trouvaient autrefois), je n'eus jamais songé que l'on pût un jour accorder à un seul le monopole du commerce libre jusqu'alors et en vue duquel des maisons s'étaient établies, monopole constituant pour elles une véritable expropriation.

Il était donc aussi impossible de prévoir cette convention que celle qui, dans quelques jours, par exemple, concéderait dans des conditions analogues le reste de la colonie. En quelque point qu'il se trouve, quelle garantie est dès lors offerte aux colons?

Il faut que l'on ait induit **M.** Delcassé en erreur ; car il est inadmissible qu'il ait consenti à léser ainsi les intérêts des autres colons français, ayant tous les droits à sa protection.

Mais aux termes du contrat qui nous occupe dont j'ai l'honneur de vous adresser la copie, la condition essentielle *sine qua non* imposée à **M.** Daumas, agissant en son nom personnel était la constitution d'une nouvelle Société, à laquelle il devait ultérieurement transmettre ses droits (Société absolument indépendante de l'ancienne maison Daumas et Cie, dont il était le chef); or, **M.** Daumas étant décédé au mois de mai 1894 sans avoir constitué cette Société, le contrat se trouve dès lors annulé de plein droit.

L'on m'a assuré que les héritiers de **M.** Daumas prétendaient néanmoins disposer des avantages de cette convention (bien qu'elle fût incontestablement annulée) et qu'une Société venait d'être constituée à l'effet d'en tirer profit. — D'accord avec l'opinion générale, je me plais à espérer que **M.** le Ministre des Colonies se refusera à accepter de pareilles combinaisons, et sans s'arrêter aux prétentions injustifiées des héritiers Daumas, voudra bien tenir compte des effets désastreux qui en résulteraient pour les colons français.

Si cette convention subsistait, la situation est, en effet, rendue impossible aux autres négociants ; il ne resterait plus qu'à évacuer N'Djolé, où ils verraient tous leurs efforts anéantis.

Je suis dans le même cas : comme eux je serai forcé d'abandonner mon installation et de renoncer en même temps à une entreprise, pour laquelle j'ai sacrifié mon temps mes capitaux et exposé ma santé.

Je suis Français, et je resterai avec la triste perspective de voir mon avenir brisé, contraint par la perte de mes capitaux (conséquence véritable de mon départ forcé de N'Djolé), à renoncer désormais à toute entreprise analogue.

Mais, monsieur le Président, je vous exprimais plus haut l'espoir que M. le Ministre des Colonies voudrait bien tenir compte des dommages, qui nous seraient causés par cette convention.

Cet espoir se changerait en certitude si, acquiesçant à la demande que je viens expressément vous formuler, la Chambre de Commerce voulait bien elle-même lui présenter ces considérations.

Confiant en votre bienveillante intervention à ce sujet, je vous prie d'agréer, monsieur le Président, avec mes meilleurs remerciements mes salutations les plus distinguées.

G. MONTHAYE.

P.-S. — La réponse officielle de M. le Ministre des Colonies aurait pour conséquence immédiate de faire cesser l'incertitude dans laquelle nous nous trouvons, incertitude qui, empêchant la conclusion de tous marchés et engagements commerciaux à terme, nous cause par ce fait des dommages très importants.

PIÈCE JUSTIFICATIVE Nᵒ III

Jean-J. BOGGIO et Cⁱᵉ
20-22, RUE RICHER
PARIS
—✳—
DIRECTION TÉLÉGRAPHIQUE
OIGGOB-PARIS

Paris, le 12 mars 1895.

Monsieur W. Guynet, Paris.

MONSIEUR,

En réponse à votre honorée d'hier nous demandant de vous autoriser à joindre nos protestations aux vôtres, près de M. le Ministre des Colonies au sujet du préjudice que nous cause la concession immense donnée à une Compagnie dans l'Ogooué, nous ne demandons pas mieux d'y souscrire, estimant qu'en effet, si ce monopole est définitivement attribué, dans les conditions que nous connaissons, nos intérêts, comme ceux des autres maisons établies dans ces régions du Congo français, sont absolument sacrifiés.

Nous attendons depuis plus de trois ans, tant à N'Djolé qu'à Libreville, le moment de donner de l'extension à nos affaires dans la colonie en toute sécurité; nos sacrifices ont été considérables, et si l'on nous retire tout espoir d'en être récompensés en nous enlevant tous moyens de travail et de réussite, il serait de toute justice que nous en fussions indemnisés.

Nous vous faisons remarquer que nous ne sommes pas les adversaires absolus, en principe, des concessions; nous avons même sollicité l'obtention d'une concession dans la région visée; nous avions demandé 500.000 hectares sur différents points, et l'on a bombardé la Compagnie du Haut-

Ogooué de 11 ou 12 millions d'hectares! Mais ce qui nous semble être œuvre profitable pour tous dans une mesure limitée et en rapport avec les moyens des bénéficiaires, diffère entièrement de ce qui a été fait pour la Compagnie en question, et vous savez aussi bien que nous pour quelles raisons.

Nous serons heureux d'apprendre le résultat de votre visite au ministre et, en attendant, nous vous présentons nos salutations distinguées.

J.-J. Boggio et Cie.

P.-S. — Ci-joint une note relative à notre affaire de N'Djolé, et nos entreprises au Congo.

PIÈCE JUSTIFICATIVE N° 3 *bis*.

Jean-J. BOGGIO et Cie

20-22, RUE RICHER

PARIS

Notre première demande de concession remonte au 11 septembre 1891, et le 30 du même mois, M. Étienne nous en accusait réception. — Le 15 mars 1892 nous écrivions à M. Jamais pour renouveler notre demande et lui faire part de la nécessité pour nous d'être fixés afin de prendre un parti, nos factoreries étant inexploitées en attendant une solution.

Reçus par M. Jamais, nous lui renouvelions notre demande et insistions sur l'état précaire où nous mettait l'incertitude du lendemain ; il nous assurait de ses meilleures dispositions à notre égard et promettait une solution prochaine.

Le 12 mai 1893 nous écrivions de nouveau à M. Lebon, sous-secrétaire aux colonies, lui formulant d'une façon précise, sur des points indiqués, la demande de concession de trois cent soixante mille hectares dans le Haut-Ogooué et cent quarante mille hectares entre la mer et le N'Goumié.

Le 4 décembre 1893, nous renouvelions à M. Lebon la demande du 12 mai, et nous lui faisions ressortir encore le préjudice que nous causait ce retard, apporté à la solution quelconque de notre instance, nos factoreries restant toujours dans le même état suspensif.

Le 16 janvier 1894, M. Maurice Lebon nous faisait connaître enfin que la demande du 12 mai 1893 était soumise à l'examen du gouvernement du Congo, appuyée de la bienveillance de l'Administration des colonies, et nous donnait l'espoir d'un résultat favorable.

A ce moment même, le Ministère des Colonies avait accordé à **M.** Daumas la concession de tout le territoire du Haut-Ogooué, englobant avec ses onze ou douze millions d'hectares notre modeste mais raisonnée demande de trois cent soixante mille hectares.

Nous remerciâmes **M.** le Sous-secrétaire par notre lettre du 22 janvier 1894, pour la manifestation de sa bienveillance tardive, puisque nous trouvions le fait accompli au travers de nos espérances ; il ne nous restait plus qu'à renoncer, après tant de temps perdu et d'argent inutilement dépensé à tout espoir d'entreprise de ce genre, et nous n'avions plus que la ressource de tirer un parti quelconque de notre actif au Gabon.

Cependant, à la suite de la nomination de **M.** Boulanger, au Ministère des Colonies, et connaissant les difficultés d'exécution incontestables que rencontrerait la Compagnie qui devait se former pour exploiter la concession donnée à **M.** Daumas, nous ne perdîmes pas tout espoir d'un revirement de la part du Gouvernement en faveur d'intérêts plus favorables au développement commercial de la colonie et en défaveur d'intérêts préjudiciables à toute entreprise présente ou future, ce qu'il était facile de démontrer.

Nous avons donc encore écrit le 21 mars et le 11 avril 1894, insistant cette fois plus particulièrement sur l'expropriation qu'on nous annonçait avoir été prononcée contre nous — sans avis préalable indirectement — de notre poste de N'Djolé dans l'Ogooué, protestant énergiquement et revendiquant nos droits.

Enfin, le 7 mai dernier, nous recevions l'avis officiel de **M.** Boulanger qu'aucune suite ne pouvait être donnée à nos diverses demandes de concession, attendu qu'une importante concession avait été accordée à M. Daumas, par décret du 17 novembre 1893.

Voilà donc le résultat de tant d'efforts et de sacrifices de tous genres ! Nous sommes condamnés à végéter dans le commerce de détail, que nous entretenons à Libreville, dans le but d'être prêts au moment voulu pour l'installation d'une affaire commerciale sérieuse et importante dans l'Ogooué.

Nous avons immobilisé depuis cinq ans environ un capital de 500.000 francs, un de nos bons employés est mort à notre service au Gabon ; un autre nous est revenu très gravement malade, nous voulions malgré tout persister et mener à bien l'œuvre à laquelle nous nous sommes attachés ; nous aurions consenti de nouveaux et importants sacrifices, mais, dans l'état actuel des choses, il faut y renoncer.

Nous nous bornons donc à protester et à réclamer la juste réparation des préjudices causés ; on nous doit indemniser ; nous demanderons donc à qui de droit de défendre nos intérêts, et ce sera justice.

Paris, le 12 mars 1895.

PIÈCE JUSTIFICATIVE Nᵒ IV

ALVARADO et Cᴵᴱ
SUCCESSEURS
DE CIPRIANO ALVARADO

ADRESSE TÉLÉGRAPHIQUE
ALVARADO - PARIS

13, rue Hauteville,

Paris, 20 mars 1895.

Monsieur William Guynet, Paris.

Nous ne demandons pas mieux et selon votre désir de vous confirmer par les présentes lignes ce que nous avons déjà eu l'avantage de vous dire comme mandataire de M. L. Gazengel.

Quand nous sommes entrés en rapport avec M. Gazengel nous n'avons jamais eu l'intention de prendre part à une affaire agricole, qui est tout à fait en dehors de notre genre d'affaires. Nous avons entendu simplement, sur assurances de couvertures dans les six mois en produits du pays, lui faire un crédit renouvelable en marchandises pour lui permettre de donner à sa plantation de N' Djolé l'extension qu'elle comporte.

D'après nos renseignements, le monopole qui vient d'être accordé à la Société du Haut-Ogooué, et sur lequel, nous le reconnaissons volontiers, plane un certain doute au point de vue de la validité, enlèverait à tous les comptoirs de N' Djolé la possibilité de faire du commerce, et dans ces conditions, malgré toute la bonne volonté de notre mandant, il ne pourrait arriver à nous faire les remises suivant conventions.

Nous préférons donc jusqu'à nouvel ordre ne plus donner suite à cette affaire.

Veuillez agréer, Monsieur, l'assurance de nos sentiments distingués.

Alvarado et Cie.

PIÈCE JUSTIFICATIVE N° V

<table>
<tr><td>

COLONIE
DU
CONGO FRANÇAIS
—⚹—
N'DJOLÉ
—⚹—
N° 780
—⚹—
OBJET :

</td><td>

RÉPUBLIQUE FRANÇAISE
LIBERTÉ — ÉGALITÉ — FRATERNITÉ
———

N'Djolé, le 29 octobre 1894.

L'Administrateur de N'Djolé et dépendances
à Monsieur W. Guynet, avocat,
à N'Djolé.

</td></tr>
</table>

Monsieur,

Vous m'avez écrit hier soir à 9 heures et demie pour me demander l'autorisation de monter en pirogue jusqu'à Booué par le convoi qui doit quitter N'Djolé aujourd'hui dans la matinée.

D'une manière générale, j'ai l'honneur de vous répondre qu'il m'est absolument impossible de vous laisser disposer des pirogues Adoumas, qui sont entièrement chargées pour le compte du Gouvernement et emportent un ravitaillement impatiemment attendu dans le haut fleuve.

Quant aux pirogues Okandaises, je ne leur ai confié que quelques colis destinés à Booué. Il en resterait donc quelques-unes de libres. *Mais je dois vous signaler que depuis deux mois et demi les Okandais sont en guerre avec tous les Pahouins du Haut-Ogooué, et je n'ai pas la certitude que leurs palabres soient entièrement réglés.*

Pour peu que vous ayez l'habitude des indigènes, vous

pouvez constater *de visu* que tous les pagayeurs Okandais viennent de se tatouer avec une espèce de peinture blanche, comme ils ont coutume de le faire en allant à la guerre. C'est vous dire que dans l'état actuel des choses je considérerais comme une grave imprudence de ma part de vous autoriser à monter à Booué.

Vous m'avez parlé à plusieurs reprises de votre désir de voir les rapides, je crois même pouvoir préciser que le mot *Kondo-Kondo* fut fréquemment prononcé dans nos entretiens.

Ce rapide très intéressant étant situé en aval de la région actuellement troublée, je ne verrais aucun inconvénient à ce que vous alliez vous y promener soit à pied, soit en pirogue, comme il vous conviendra.

Agréez, Monsieur, l'assurance de ma considération distinguée.

G. Gaillard.

N.-B. — Aucun compte n'ayant été tenu de cette interdiction de pénétrer dans le haut fleuve, la présente lettre a été visée à Booué et Lastourville et porte les cachets de ces deux postes avec les signatures du chef de station de Booué et du chef de poste de Lastourville aux 15 et 24 novembre 1894.

IMPRIMERIE CHAIX, RUE BERGÈRE, 20, PARIS. — 6658-3-95. — (Encre Lorilleux).

www.ingramcontent.com/pod-product-compliance
Lightning Source LLC
Chambersburg PA
CBHW061254060726
47596CB00002B/597